Monika Molitor

Wicca-Magie für Junghexen

Monika Molitor

Wicca-Magie für Junghexen

Mit einem Vorwort von Thea

SILBERSCHNUR

Coverbild:
»Drei der Kelche« aus:
Thea/Alexander Kopitkow, Das Wicca-Tarot
ISBN 3-89845-064-3 (in Vorbereitung)

ISBN 3-89845-059-7

1. Auflage 2004

Cover & Satz: XPresentation, Boppard
Druck: Finidr, s.r.o. Cesky Tesin

Verlag »Die Silberschnur« GmbH · Steinstraße 1
D-56593 Güllesheim

www.silberschnur.de
e-mail: info@silberschnur.de

Inhaltsverzeichnis

Vorwort

Liebe Leserin, lieber Leser, liebe Junghexen,

Hexen und Zauberer, magische Rituale und Zauberformeln gab und gibt es seit Urzeiten auf der Welt. Es hat die Menschen seit jeher fasziniert, in die ungewisse Zukunft zu sehen und zu versuchen, das eigene Schicksal positiv zu gestalten.

Bereits vor dem Mittelalter waren die Hexen, weisen Frauen und Eingeweihten diejenigen, die um die Heilkraft der Natur und des Arbeitens mit dem eigenen Willen wussten und somit eine große Rolle im Heilwesen spielten. Das Volk vertraute ihnen und suchte sie bei Krankheiten oder auch seelischen Problemen auf – sehr zum Ärger der patriarchal strukturierten Kirche, für die Krankheit und Armut wichtige Druckmittel zur Ausübung ihrer Macht waren. Daher wurden die weisen Frauen, die den Vertretern der Kirche ein besonderer Dorn im Auge waren, bald als Hexen abgestempelt und unbarmherzig verfolgt.

Bestialische Folterungen, übelste Verleumdungen und Verbrennungen standen damals auf der Tagesordnung. Jede Frau, die sich mit Kräutern und Heilkunst beschäftigte, konnte leicht in den Ruf geraten, eine Hexe zu sein. Doch dank unseres neuen Bewusstseins, Offenheit gegenüber den alten Mysterien und Aufklärung durch zahlreiche Bücher, auch die von mir veröffentlichten, ist plötzlich ein ganz neues Bild der Hexe entstanden. Eine verantwortungsbewusste Junghexe steht mit beiden Beinen im Leben, besteht ihren täglichen Alltag und für sie ist Mitgefühl kein Fremdwort. Oberstes Gebot ist, immer in Liebe zu wirken und niemals aus Hass oder Wut magisch zu arbeiten. Alle Energien, die ihr mit negativen Gedanken und Gefühlen in euch aufwendet, kommen in fünf- bis sechsfacher Stärke zu euch zurück. Zum anderen stellen derartige Verfehlungen einen Missbrauch der kosmischen und göttlichen Kräfte dar.

Wer sich mit Magie beschäftigt trägt also ein großes Maß an Verantwortung. Alles was man tut, kann die Zukunft verändern, zum Guten wie zum Schlechten. Bei der sorgfältigen Ausübung der Rituale und beim Zubereiten der verschiedenen Rezepte wird jede Junghexe spüren, welche ungeahnten, gewaltigen Kräfte in ihr zum Leben erwachen. Doch die wichtigsten Zutaten für die in diesem Buch beschriebenen Rituale bzw. Anleitungen sollte jeder Mensch bereits in sich haben: einen starken Willen, einen ausgeprägten Gerechtigkeitssinn und vor allem sehr viel Liebe, zu sich selbst, zu seinen Mitmenschen und zu jeder Kreatur auf dieser Erde.

Liebe Junghexe, deshalb achte unbedingt darauf, dass du jedes Ritual, jede Anleitung in diesem wirklich gut geschriebenen Buch mit sehr viel Liebe und Demut ausführst, denn ohne diese positive Energie kann und wird dir nichts gelingen. Tue was du willst, aber schade niemandem. Liebe ist das oberste Gebot!

In diesem Buch beschreibt Monika Molitor klar und gut verständlich die wichtigsten Grundschritte einer zukünftigen

Junghexe. Sie lehnt sich dabei an eine der ältesten Traditionen, die Wiccatradition. Ich bin eine Wicca-Priesterin und das Leben und die Natur steht für uns dabei an erster Stelle. Es ist ein langer und beschwerlicher Weg, bis man endlich eine initiierte Wicca-Priesterin wird. Auch ich bin diesen Weg gegangen und er war nicht immer leicht, ja ich lerne sogar heute noch täglich dazu und muss auch mich immer wieder neu bewähren. Also nur Mut, entdecke deine Fähigkeiten, beginne mit diesem Buch. Wenn du noch Fragen hast und manchen versteckten Zweifel, so scheue dich nicht, auch mit mir Kontakt aufzunehmen. www.Hexenhaus.net

Bevor du nun zur Tat schreiten möchtest, nimm dir einige Minuten Zeit, um dich geistig zu sammeln. Setze dich bequem hin, schließe deine Augen und denke intensiv an das Ziel, das du erreichen möchtest. Freue dich schon jetzt darauf, dass es bald für dich erreicht sein wird. Sehe die Dinge mit Freude und Liebe vor deinem inneren Auge und mache dich dann an die Arbeit!

Viel Erfolg wünscht dir

In Licht und Liebe

Thea

Sela!

Danksagung

Ich danke meinen ersten drei Schülerinnen, Jenny, Phibi und Chrissy, die mir immer wieder neue Fragen gestellt und mich somit angeregt haben, weiterzuschreiben. Ich danke ihnen auch dafür, dass sie immer bereit waren, meine Texte in der Rohfassung zu lesen und mir Rückmeldungen gaben, wo ich mich zu verschraubt oder zu abstrakt ausgedrückt hatte. Ich danke ihnen genauso für jedes Lob, das mich ermutigt hat, weiter diesem schreibenden Weg zu folgen.

Ich danke in diesem Zusammenhang auch meinen eigenen zwei wichtigsten Lehrpersonen, Ziriah und Bernhard, die mir erlaubt haben, in meinem eigenen Tempo zu lernen, und die meine magische Grundausbildung ermöglicht haben. Ich danke auch meinem Mann Michael, der mich fit fürs Internet gemacht hat, mir bei jeder technischen Panne zu helfen bereit war und der auf viel Zeit mit mir an den Wochenenden verzichtet hat, damit diese Texte entstehen konnten.

I. Kapitel

Einführung

An die Leserinnen und Leser

Liebe Junghexen, liebe Jungmagier,

die ihr die Welt der Magie für euch entdecken wollt. Die Texte in diesem Buch sollen euch ermöglichen, einen guten Einstieg in wichtige Themen der Magie und der Wicca-Religion zu bekommen. Diese Texte sind als Antworten auf häufige, immer wieder gestellte Fragen von Junghexen auf verschiedenen Homepages entstanden. Ich habe mir in den letzten zwei Jahren eine Datenbank aus Texten für häufig gestellte Fragen aufgebaut, da es vor zwei Jahren für junge Menschen noch keine gut geeigneten Einführungsbücher gab. Ich hoffe, es macht euch Spaß, meine Texte zu lesen und ihr könnt damit einen ersten Wissensdurst stillen. Ich selbst würde mich nicht mehr als Junghexe bezeichnen. Aber das Wort Junghexe ist vom Alter in Jahren ganz unabhängig, denn jede, die anfängt mit der Magie, ist im Grunde Junghexe. Das Gute an der Magie ist, dass es immer noch viel Neues zu entdecken gibt!

Das Motto dieses Grundkurses für Junghexen beschreibt der folgende Text von Anaxagoras:

Vom Bekannten zum Unbekannten,
vom Leichten zum Schweren,
vom Knappen zum Umfangreichen,
vom Einfachen zum Schwierigen,

vom Langsamen zum Schnellen,
vom Sichtbaren zum Unsichtbaren.

Die Reihenfolge der Texte ist daher nicht ganz zufällig. Die ersten Texte sind leichter zu lesen und eignen sich gut als Einstieg. Die Texte zu den Ritualen gehören eigentlich erst ins »2. Lehrjahr«, sind also eher etwas für Fortgeschrittene. Ihr werdet zu vielen Texten praktische Übungen finden. Ihr könnt alle Texte unabhängig voneinander lesen, egal in welcher Reihenfolge. Ihr werdet dann aber merken, dass es zwischen den Texten manchmal Hinweise auf die Themen der anderen Kapitel gibt. Insofern lohnt es sich, die Texte auch ein zweites Mal zu lesen, da es dann immer wieder Neues zu entdecken und ein tieferes Verständnis gibt.

Mögen diese Texte helfen, Vorurteile abzubauen, Wissen zu erweitern und Wissen zu vermehren, damit auch für euch Junghexen ein Weg begehbar wird, den schon viele vor euch gegangen sind. Mögen sie eure Sinne schärfen für die Anderswelt und dafür, was euch gut tut und was euch schaden kann. Magie zu betreiben heißt oft, zu lernen, die Welt mit anderen Augen zu sehen. Ich wünsche euch diesen anderen Blick auf das Leben und die Welt, der mein Leben so sehr bereichert und erweitert hat.

Im Buch wird vor allem von Junghexen die Rede sein, da sich überwiegend Mädchen und junge Frauen für dieses Thema interessieren. Ich will die Jungmagier aber nicht ausschließen. Es hätte nur zuviel Raum eingenommen und manche Formulierungen wären sehr umständlich geworden, wenn ich immer die doppelte Anrede verwendet hätte.

Für Rückfragen und Rückmeldungen bin ich über meine Homepage www.Junghexentreff.de erreichbar.

Eure Monika Molitor

An die Eltern

Liebe Eltern,

vielleicht hat Ihr Kind Ihnen von diesem Buch erzählt. Vielleicht haben Sie auch selbst dieses Buch im Zimmer Ihres Kindes gefunden oder sind durch die Links und registrierten Internet-Verläufe in Ihrem PC darauf gestoßen, dass Ihr Kind sich für Magie interessiert. Waren Sie verärgert oder überrascht und irritiert? Vielleicht wissen Sie schon länger, dass Ihr Kind sich für die Themen Magie, Naturreligion und neue Hexen interessiert. Zum einen sind im Fernsehen bereits sehr viele Sendungen gelaufen, die die Themen Hexe-Sein, Übersinnliches und die Jugendzeit zu einer wirkungsvollen Mischung kombinieren. Zum anderen grassiert noch immer das Harry Potter-Fieber. Es kann sein, dass Sie selbst davon angesteckt sind, dass auch Sie die Bücher und die Filme schön und liebenswert fanden. Vielleicht belächeln Sie es ein wenig, wenn Ihr Kind sich jetzt ernsthaft für Magie interessiert. Vielleicht gehören Sie zu den rational-aufgeklärten Menschen, für die Magie ausschließlich in Märchen- und Fantasy-Büchern stattfindet. Sie wissen evtl. nicht, wie Sie damit umgehen sollen, wenn Ihr Kind ernsthaft Magie betreiben will.

Dann sollten Sie wissen, dass eines der Hauptziele dieses Buches Aufklärung ist. Junge Menschen, die sich Junghexe oder Jungmagier nennen, sollen hier Informationen bekommen, was von den tollen Sachen in den vielen Büchern und Sendungen machbar ist oder nicht. Vielleicht können

Sie sich nicht vorstellen, dass in diesem Bereich überhaupt so etwas wie seriöse Aufklärung möglich ist. Vielleicht wäre für Sie die einzige seriöse Aussage zu dem Thema, dass Magie ins Reich der Phantasie gehört. Kinder und Jugendliche stehen aber dem Reich der Phantasie noch viel näher, als die meisten Erwachsenen. Wenn Jugendliche die Magie der Bücher und Filme 1:1 in ihren Alltag umsetzen wollen, können zum einen viele Enttäuschungen entstehen. Ein Ziel dieses Buches ist daher, Jugendliche darauf vorzubereiten, dass im realen Leben nicht alles mit ein paar einfachen Zaubersprüchen zu bewältigen ist. Deswegen werden Sie in diesem Buch auch keine Zaubersprüche finden.

Ein weiteres Problem der naiven Anwendung von Ritualen oder Orakeltechniken liegt darin, dass sie enorme innerpsychische Kräfte wecken und den seelischen Haushalt von Bewusstem und Unbewusstem nachhaltig stören können. Das ist ein weiteres Ziel dieses Buches: Es soll den Jugendlichen bei solchen spirituellen Unfällen etwas an die Hand geben. Ich will Informationen bieten und über meine Homepage eine Ansprechpartnerin sein, wenn sie Dinge erleben, die sie nicht einordnen können, die sie irritieren oder ängstigen.

Vielleicht denken Sie auch hier wieder, die einzig seriöse Aufklärung könne nur eine entschiedene Warnung sein, die Finger von dem ganzen Hokuspokus zu lassen. Eine ähnliche Auseinandersetzung gibt es im Zusammenhang mit der Aufklärung von Jugendlichen über illegale Drogen: Auch hier gibt es die Position, die befürwortet, generell und unterschiedslos vor allen illegalen Drogen so abschreckend wie möglich zu warnen. Das kann dazu führen, dass Kinder wirklich nie illegale, sondern eher legale Drogen ausprobieren. Es kann aber auch dazu führen, dass Jugendliche ihrer Neugierde nach Grenzerfahrungen nachgeben und illegale Drogen ausprobieren ohne irgendein Wissen darüber, welche Drogen gefährlicher sind als andere.

Ich vertrete im Bereich des Okkultismus, der Magie und der Esoterik eher die Meinung, dass es auch hier sinnvoller ist, die Jugendlichen darüber aufzuklären, welche Methoden oder welche Erfahrungen gefährlicher sind als andere und was sie bei Störungen tun können. Wenn Sie sich die Texte in diesem Sinne ansehen, werden Sie hoffentlich merken, dass ich versuche, diese Aufklärung mit einer Mischung aus esoterischem Fachwissen, Humor und nüchterner, sachlicher Psychologie zu betreiben. Sicher gibt es viele Psychologen und Psychologinnen, die ebenfalls ablehnen würden, was ich hier tue. Aber es gibt innerhalb der Psychologie die Richtung der Transpersonalen Psychologie, der ich mich zugehörig fühle. Im Gegensatz zur traditionellen Psychoanalyse nach Freud schließt sie spirituelle Vorstellungen nicht aus und nimmt den Menschen in seiner spirituellen Suche ernst.

Wenn Sie überzeugte Christen sind, fällt es Ihnen vielleicht aus anderen Gründen schwer zu akzeptieren, dass die spirituelle Suche und Neugierde Ihr Kind zu diesen Themen geführt hat. Ich möchte Sie ermutigen, mit Ihren Kindern das Gespräch darüber zu suchen. Vielleicht finden Sie dann als Familie gemeinsam zu Ihren christlichen Wurzeln zurück. Zu einer bewussten spirituellen Suche gehören auch Zweifel und die Auseinandersetzung mit anderen Themen, Positionen und Religionen. Ich bitte Sie um eine Atmosphäre der Toleranz. Ihr Kind ist ab 14 Jahren nach den Gesetzen dieses Landes religionsmündig. Zu jeder Spiritualität gehört auch eine spirituelle Suche, gerade im Alter der Jugendlichen.

Ich sagte vorhin, Jugendliche haben ein natürliches Interesse an Grenzerfahrungen. Jugendliche leben auf der

Grenze zwischen nicht mehr Kind sein und noch nicht erwachsen sein. In früheren Kulturen gab es für diese Übergangsphase Rituale, in denen Raum war für Grenzerfahrungen. Die christliche Firmung oder Konfirmation ist ja auch ein Ritual der Aufnahme in die erwachsene Christengemeinde. Für viele Jugendliche sind christliche Rituale aber nicht mehr so überzeugend. Sie erleben vielleicht einen langweiligen, eher formelhaften Konfirmandenunterricht oder sie erleben Eltern, die ihr Christsein auch nur noch auf Sparflamme leben. Jugendliche suchen nach anderen Ritualen und nach anderen Grenzerfahrungen. Das können Drogen sein, Extremsportarten oder auch extreme politische Überzeugungen. Wenn Sie das Interesse Ihres Kindes für Magie damit vergleichen, hat Ihr Kind vielleicht einen Weg gewählt, der Sie besonders provoziert, oder einen vergleichsweise harmlosen Weg. Vielleicht hilft Ihnen dieses Buch, das Interesse Ihres Kindes für Magie besser zu verstehen und zu tolerieren. Ich erlebe es oft, dass Jugendliche sich eine kurze Zeit lang intensiv für Magie interessieren, dass aber genauso schnell wieder andere Themen aktuell sein können.

Weitere häufige Streitpunkte zwischen Junghexen und ihren Eltern können die Angst vor Sekten und eine Verwechslung von Wicca mit Satanismus sein. Vielleicht haben Sie außerdem Angst, wenn Ihr Kind in seinem Zimmer Kerzen brennen lassen oder Räucherstäbchen abbrennen will. Weitere Streitpunkte können auftreten, wenn Ihr Kind bei Ritualen oder Meditationen ungestört sein will oder zu hohe Internetgebühren verursacht.

Ich will im Folgenden auf einige Punkte noch kurz eingehen:

Wenn Sie Angst haben, Ihr Kind könnte sich einer Sekte anschließen, so werden Sie merken, dass ich die Junghexen ermutige, kritisch darauf zu achten, was ihnen gut tut. Nicht jede neureligiöse Gruppe ist eine Sekte. Hoffentlich werden Sie auch merken, dass ich Ihr Kind ebenso vor Sekten warnen will. Wicca ist keine Sekte, sondern eine freireligiöse Bewegung, in der die Freiheit eines jeden Einzelnen oberstes Gebot ist.

Vielleicht verwechseln Sie Wicca mit Satanismus oder wissen nicht so genau, was die Unterschiede sind. Wicca hat mit Satanismus nichts zu tun, dennoch tritt diese Verwechslung leider häufig auf. Ich betone hier noch einmal ausdrücklich, dass ich mit Satanismus nichts zu tun haben möchte und auch in diesem Buch keinerlei satanische Riten oder Texte verbreite. Wicca ist eine moderne Naturreligion, die sich auf die alten Religionen vor der Christianisierung bezieht. Da der Teufel eine Vorstellung ist, die erst mit der christlich-jüdischen Religion und anderen Buchreligionen auftrat, gibt es in den alten Religionen keine Vorstellung vom Teufel. Wir sehen einfach gar keinen Sinn darin, uns auf eine Vorstellung wie den Teufel zu beziehen. Wicca achtet die Freiheit eines jeden Einzelnen und will niemandem schaden. Wicca hat daher eine feste moralische Orientierung. Das ist mit dem Handeln satanistischer Gruppen unvereinbar.

Wenn Sie Schwierigkeiten damit haben, dass Ihr Kind in seinem Zimmer Kerzen brennen lassen will, können Sie versuchen, miteinander eine Regelung zu finden. Mögliche Kompromisse können sein, dass Ihr Kind die Kerzen nur anmacht, wenn Sie auch in der Wohnung sind. Oder Sie können sich auf stabile Teelichter in schönen Windlichtern oder auf Schwimmkerzen einigen. Oder Sie vereinbaren, dass Ihr Kind immer einen Eimer mit Wasser griffbereit hat, wenn es Kerzen anmacht. Die meisten Wicca arbeiten sehr gerne mit Kerzen, denn sie sind der einfachste Auslöser für eine festliche und andächtige Stimmung. Dennoch sind sie nicht zwingend erforderlich.

Vielleicht haben Sie etwas dagegen, wenn Ihr Kind Räucherstäbchen abbrennen will. Wenn Sie nur den Geruch nicht mögen, vereinbaren Sie einfach, währenddessen die Zimmertür geschlossen zu halten und danach gründlich zu lüften. Wirklich schädlich ist der Rauch nicht, sofern man ihn in Maßen einsetzt. Sonst sind echte ätherische Öle, z. B. in der Apotheke oder im Bio-Laden gekauft, eine gute Alternative. Oder Ihr Kind nimmt frische Blumen oder eine aromatisierte Mischung getrockneter Blüten.

Vielleicht werden Sie nervös, wenn Ihr Kind Sie bittet, bei Ritualen oder Meditationen für eine Stunde ungestört zu bleiben. Sie wissen nicht so genau, was Ihr Kind da macht und nun will es auch noch eine Stunde ungestört in seiner magischen Werkstatt sitzen. Ungestört sein zu können ist in diesem Lebensalter für Jugendliche etwas ganz Wichtiges, um zu sich selbst zu finden. Aus einer Meditation oder einem Ritual durch eine Störung herausgerissen zu werden, kann für Ihr Kind wesentlich unangenehmer sein, als die Übung ordnungsgemäß zu beenden. Sie können sich die Ritualvorschläge hier in diesem Buch in Ruhe ansehen und so eine konkretere Vorstellung davon bekommen, was Ihr Kind in so einem kleinen Ritual macht. Wenn Sie das Gefühl haben, eine spirituelle Technik tut Ihrem Kind nicht gut oder Ihr Kind flüchtet sich in die Welt der Magie, um den Alltagssorgen und -pflichten auszuweichen, dann scheuen Sie sich nicht, mit ihm darüber zu sprechen.

Wenn Ihr Kind ernsthafte psychische Probleme hat, suchen Sie mit ihm eine gute Kinder- und Jugendtherapeutin auf.

Ich ermutige die Jugendlichen immer, im Zweifelsfalle die Dienste eines niedergelassenen Psychologen oder einer Psychologin in ihrer Nähe in Anspruch zu nehmen.

Ihre Monika Molitor

Wie werde ich eine Hexe oder ein Magier?

Bevor du erfahren kannst, wie du eine Hexe wirst, musst du klären, was es für dich bedeutet, eine Hexe zu sein. Denn jede stellt sich etwas anderes darunter vor. Ist es die alte Frau mit der Hakennase? Oder eine junge Frau mit wehendem roten Haar? Eine weise alte Kräuterhexe? Dieses Buch soll dir zeigen, was alles mit dem Wort Hexe verbunden sein kann. Zunächst einmal reicht einfach dein Interesse für Magie für den Einstieg völlig aus. Vielleicht willst du einfach mit Magie ein paar Tricks und ein paar Zaubersprüche kennen lernen, mit denen du glaubst, besser durchs Leben zu kommen. Oder du willst dich gründlicher ausbilden lassen. Zu einer magischen Ausbildung gehört die Bereitschaft, an dir zu arbeiten und dich mehr als einmal zu hinterfragen. Du wirst es im Laufe der Zeit herausfinden, was du willst. Auf alle Fälle gibt es sehr verschiedene Arten, eine Hexe oder ein Magier zu sein.

Für manche bedeutet eine Hexe zu sein, übersinnliche Fähigkeiten zu haben wie Wahrsagen, Hellsehen, einen Zauber wirken können. Bleiben wir mal beim Wahrsagen.

Wenn dich das interessiert, willst du vielleicht eine oder mehrere Orakeltechniken erlernen. Die Grundbegabung zum Wahrsagen ist auch gar nicht so selten. Je nach dem, was dir mehr liegt oder was dich interessiert, kann das Tarot oder Astrologie oder Pendeln oder Runen legen oder Traumdeutung oder eine andere Technik sein. Diese Techniken funktionieren mit einer Mischung von Begabung und erlernbarem, traditionellen Wissen.

Vielleicht denkst du, einen Zauber zu wirken sei ganz einfach, und du müsstest nur die richtigen Zaubersprüche finden, sammeln und nachsprechen. Dann wird dich der magische Alltag schnell enttäuschen. Einen aktiven Zauber zu wirken ist viel schwerer als nur einen Zauberspruch zu murmeln. Dazu gehört außerdem die Erkenntnis, dass du auch als Hexe nicht jeden Wunsch verwirklichen kannst.

Einige denken bei Hexen vor allem an heilkräftige Frauen und alternative Heilmethoden. Dazu kannst du auch eine Ausbildung erhalten. Das können Heilmethoden sein wie die Anwendung von Reiki, Kräuterheilwissen und ätherischen Ölen. Es können aber auch ganz gängige, schulmedizinische Ausbildungen sein wie Arzt oder Ärztin, Tierärztin, Krankenschwester oder Krankenpfleger, Altenpflegerin, Psychologe oder Psychologin oder Hebamme. Das führt zu einem anderen Thema: Die wenigsten von uns können davon leben, Hexe zu sein, indem sie Kurse geben, heilen, beraten, ausbilden oder Bücher schreiben. Deswegen brauchst du neben deinem Wunsch, Hexe zu werden, einen ganz normalen weltlichen Beruf, von dem du leben kannst.

Für manche bedeutet Hexe zu sein, den Weg der alten Religion zu gehen, die in der Wicca-Religion weiterlebt.

Du musst aber nicht der alten Religion angehören, um Hexe zu sein. Manche können das auch ganz gut mit anderen Religionen verbinden. Statt im Ritual die vier Elemente zu rufen, rufen sie z. B. vier Erzengel an, um den magischen Kreis zu bilden und zu schützen. Viele Hexen glauben, dass Magie für sich alleine genommen nicht so gut ist, sondern eher in einen spirituellen Rahmen eingebettet werden muss. Die alte Religion ist so ein Rahmen. Sicher kennst du schon die Namen von einigen Festen der alten Religion. Halloween und Walpurgis sind die bekanntesten. Viele von uns feiern regelmäßig diese Feste der Wicca-Religion, um uns zu bestimmten bewährten Zeitpunkten mit der Energie des Lebens zu verbinden. Diese Feste werden Jahreskreisfeste oder auch Hexensabbate genannt. Es sind acht Feste, die sich im Abstand von ca. sechs bis acht Wochen über das Jahr verteilen. Manche von uns denken, dass du mindestens ein ganzes Jahr jedes Fest mitgefeiert haben solltest, bis du einen groben Eindruck davon hast. Manche sagen, dass der Festekreis nach acht Jahren (acht mal acht Festen) sehr tief in dir verankert ist. Viele von uns treffen sich in festen Gruppen, um diese Feste zu feiern, so genannten Covens oder Ritualkreisen.

Falls du lernen willst, große Rituale zu feiern, brauchst du dafür einen Kreis aus erfahrenen Menschen. Wenn du einige Rituale mit anderen gefeiert hast und einiges über die Grundstruktur von Ritualen weißt, kannst du später auch selbst Rituale gestalten. Aber es gibt auch kleine Rituale, die du vielleicht selbst schon umsetzen kannst. Über Rituale gibt es auch viele Bücher, sie können gute Anregungen geben. Aber die Kunst, Rituale zu feiern, lässt sich schlecht nur aus Büchern erlernen, genauso wie es schwer ist, nur aus Büchern kochen oder tanzen zu lernen.

Für einige Menschen hat Hexe sein leider noch heute etwas mit Satanismus und Teufelsanbetung zu tun. Dies ist zum einen ein Missverständnis aus der Zeit der historischen Hexenverfolgung, zum anderen ein Missverständnis, was die alte Religion betrifft. Diese Missverständnisse treten leider noch heute häufig auf, daher wird es wichtig sein, dass du dich damit auseinander setzt. Für mich als eine Angehörige der alten Religion hat Hexe sein nichts mit Teufelsanbetung oder auch moderneren Formen von Satanismus zu tun. Der Teufel kommt hier in diesem Buch nicht vor, das wirst du schnell merken. Ich selbst lehne jede Form von Satanismus ab, und wenn sie noch so modern daherkommt. Der Teufel, wie er am bekanntesten ist, ist eher eine Figur des Christentums. Es gibt aber auch ähnliche Vorstellungen in anderen Buchreligionen wie dem Judentum. Man muss also eigentlich eher diesen Religionen angehören oder zumindest einen Teil dieser Vorstellungen übernehmen, sonst macht der ganze Teufelskult keinen Sinn. Viele Teufelskulte sind auch einfache Zerrbilder von christlichen Symbolen, christlichen Festen und Werten. Wer der alten Religion folgt, kann damit nichts anfangen. Denn die alten Götter und Göttinnen des Landes wurden ja schon vor der Christianisierung verehrt. Manche sehen im Teufel auch einen Versuch der christlichen Missionare, den gehörnten Gott der alten Religion abzuwerten und zu verbieten. Der gehörnte Gott der alten Religion ist ein lebensfroher und lebensbejahender Gott und hat nichts mit satanistischen Praktiken zu tun. Er steht für die Kraft des Lebens, des Waldes, der Natur und der wilden Tiere.

Vielleicht möchtest du als Hexe dein Krafttier oder einen Kraftort finden. Viele von uns finden im Laufe ihrer Ausbildung einen besonderen Bezug zu einer Pflanze oder einem Tier und bezeichnen dieses als ihr Krafttier oder ihre Kraftpflanze. Das bedeutet meistens, dass der Energieaustausch mit dieser Pflanze oder diesem Tier sie stärkt, innerliche Klarheit finden lässt und kräftigt. Das führt zu einem weiteren Punkt: Viele von uns glauben, dass es möglich ist, nicht nur mit Menschen, sondern auch mit Tieren, Pflanzen, Steinen, Flüssen usw. zu kommunizieren. Diese Betrachtungsweise ist dir am Anfang vielleicht erst mal fremd.

Damit kommt noch etwas Wichtiges hinzu. Eine Hexe oder ein Magier zu werden kann bedeuten, einige neue Sichtweisen der Welt und des Lebens kennen zu lernen. Genauso wichtig ist es jedoch

1. auf dem Teppich zu bleiben,
2. Magie mit dem Alltag zu verbinden und
3. deinen kritischen Verstand nicht aufzugeben.

Du solltest dich in einer Ausbildung nie zu etwas zwingen oder zwingen lassen, weil du vielleicht meinst, es müsse dazugehören. Die Freiheit einer jeden und eines jeden Einzelnen sollte für uns alle oberstes Gebot sein. Wenn du dich bei irgendeinem Teil deiner Ausbildung, einem Ritual oder einer ersten Meditation unwohl fühlst, nimm es ernst und gehe nicht darüber hinweg. In der Magie ist es wichtig, auf deine Grenzen zu achten, sonst kannst du schnell den Boden unter den Füßen verlieren. Die meisten von uns glauben daran, dass du immer wieder eine Chance zu einem Entwicklungsschritt erhältst, bis der Zeitpunkt für dich wirklich richtig ist. Jede und jeder hat andere Begabungen und nicht alles tut jedem gleichermaßen gut. Achte auf dich wie auf die Freiheit eines und einer jeden Einzelnen, wenn du Magie betreibst! Dazu gehört auch, niemandem deine magischen Dienste aufzudrängen, der dich nicht darum gebeten hat. Es ist wichtig, dass du nicht versuchst, mit Magie jemand anderem deinen Willen aufzuzwingen.

Eine ganz andere Vorstellung von Magie ist der Bühnenzauber. Wenn dich das interessiert, musst du bei einem Bühnenmagier in die Lehre gehen. Die Möglichkeiten reichen von einfachen Taschenspielertricks bis zu schweren Übungen wie der schwebenden Jungfrau. Bei der Bühnenmagie geht es aber immer um eine Kunst mit Tricks und Kunststücken, die gut geübt und abgesprochen sind, um die Illusion von Magie und übersinnlichen Fähigkeiten vor einem Publikum darzubieten. Insofern unterscheidet sich Bühnenmagie sehr von der Magie der alten Religion oder echten übersinnlichen Fähigkeiten. Dennoch ist auch Bühnenmagie keine leichte Kunst und muss gelernt und tausend Mal geübt werden, bis die Tricks richtig sitzen. Meistens muss für die sehr guten Bühnentricks auch ein hoher Preis, eine Art Lizenz bezahlt werden. Auch hier gilt eine Art Schweigegebot. Die Gemeinschaft der Bühnenmagier möchte nicht, dass ihre Tricks bekannt werden, denn mit einer sehr guten Bühnenshow lässt sich sehr viel Geld verdienen. Erfahrungsgemäß gibt es zwischen Bühnenmagiern und Menschen mit echten übersinnlichen Fähigkeiten einige Missverständnisse und leicht Streit. Bühnenmagier wissen nur zu gut, wie leichtgläubig die meisten Menschen sind und wie schnell die Illusion des Übersinnlichen entsteht. Sie haben daher oft Zweifel daran, dass es echte übersinnliche Fähigkeiten gibt.

Für manche bedeutet Hexe zu sein, sich nicht nur für Magie und Rituale zu interessieren, sondern der spirituellen Frauenbewegung anzugehören. Die spirituelle Frauenbewegung ist eine Ergänzung der politischen Frauenbewegung.

Die politische Frauenbewegung kämpft für die Gleichberechtigung und die Rechte der Frauen hier auf dem Planeten Erde. Die spirituelle Frauenbewegung hat viele Religionen kritisiert, die zu einseitig auf männlichen Gottesbildern aufbauten oder nur noch Männer als Priester zuließen. Sie forderten sozusagen nicht nur die Hälfte der Erde, sondern auch eine Hälfte des Himmels. Manchmal haben die politisch bewegten Frauen wenig Verständnis für die spirituell bewegten Frauen, manchmal ergänzen sie sich gut. Dazu gehört z.B. die Frauenaktion, in der Walpurgisnacht mit einer lauten Demo durch die Städte zu ziehen, um die Nacht für die Frauen zurückzuerobern. Auch hier gilt wieder: Du kannst eine Hexe sein, ohne dich für diese klassischen feministischen Ansätze zu interessieren. Die Kombination von Feminismus und alter Religion wird manchmal dianisches Wicca genannt. Seine Anhängerinnen verehren meistens die Göttin und feiern Rituale in reinen Frauenkreisen. Die Gründerinnen des dianischen Wicca haben jedoch viele sehr schöne, grundlegende Texte geschrieben, die du dir wenigstens einmal ansehen solltest.

Ich hoffe, diese Hintergründe haben dir einen ersten Überblick gegeben, was es alles bedeuten kann, eine Hexe zu sein, und haben dich neugierig gemacht, weiterzulesen.

Erste Gedanken zur Übung:

1. Welche Bedeutungen von Hexe sein aus diesem Text kanntest du schon?
2. Welche Bedeutungen haben dich angesprochen?
3. Welche Bilder von Hexen kennst du schon? Hängt eines in deinem Zimmer?
4. Welche Bücher über Hexen oder von Hexen hast du schon gelesen?

5. Welche Film-Hexen kennst du schon?
6. Welche ist deine Lieblingshexe?
7. Male ein Bild von einer Hexe, das dir nach dem Lesen dieses Textes in den Sinn kommt.
8. Versuche, drei Mal laut den Satz zu sagen: »Ich bin eine Hexe!« – Wie fühlt sich das an? Früher galt, wer drei Mal diesen Satz sagt, ist auch eine Hexe, aber ich glaube, so einfach ist es doch nicht, oder was meinst du?

Welche magischen Fähigkeiten gibt es und wie erkenne ich, ob ich sie habe?

Wenn du beginnst, dich für Hexen und Magie zu interessieren, fragst du dich vielleicht, ob du magische oder übersinnliche Fähigkeiten hast. Vielleicht hast du im Alltag auch schon einmal einen magischen Moment gehabt und dir das gemerkt, ohne es dir erklären zu können. Magische Kräfte sind vielfältig und können sich ganz unterschiedlich auswirken. Dabei macht es einen großen Unterschied, ob diese Fähigkeiten von dir erkannt und durch Training weiterentwickelt werden oder ob sie noch roh und wild vorliegen. Der folgende Text soll dir helfen, das herauszufinden. Magische Begabungen bereits in vollem Maße zu haben, ist aber keine Grundbedingung, um eine Hexe zu sein. Bei den meisten Junghexen beginnt es mit dem Interesse für diese Phänomene, mit Neugierde und

Offenheit. Manche lesen auch in esoterischen Zeitschriften das Wort Psi-Kräfte, was ein anderer Ausdruck für magische oder übersinnliche Begabungen ist. Du fragst dich vielleicht, ob jeder solche Kräfte hat und wie man sie erkennen kann. Im Horoskop kann man beispielsweise an der Stellung des Planeten Neptun eine besondere Begabung für übersinnliche Fähigkeiten oder eine starke spirituelle Sehnsucht erkennen.

Mit den übersinnlichen Fähigkeiten ist es ungefähr so wie mit der Musikalität: Jeder Mensch hat eine gewisse Grundbegabung in Musik. Jeder und jede kann sich an ein Klavier stellen, kling, kling machen, auf der Tastatur rumklimpern oder mit wenig Aufwand lernen, »Alle meine Entchen...« darauf zu spielen. Und jeder kann mit Übung und Ausbildung seine Grundmusikalität verbessern. Aber es gibt Menschen, die haben von Anfang an ein besonderes Gehör oder die haben einfach den Rhythmus im Blut. Wenn diese Menschen sich dann ausbilden lassen, können sie ungleich mehr erreichen, und ihr Interesse an der Musik ist meistens auch viel stärker.

So ist es auch mit dem Übersinnlichen. Fast jeder hat es schon erlebt, dass er fest an eine Person gedacht hat und die dann genau in dem Moment anrief. Oder fast jede erlebt es hin und wieder, dass sie einen Traum hat, der sich bei genauerer Interpretation und Deutung als hilfreich herausstellt. Aber der Hauptunterschied zwischen den Menschen liegt wohl darin, dass die einen das als bloßen Zufall abtun und sich nicht näher damit beschäftigen. Die anderen spüren dann aber genauer hin und machen sich auf die Suche nach mehr solcher Wahrnehmungen. Sie merken z. B., wie viel sie aus ihren Träumen lernen. Durch die Offenheit für diese Erfahrungen sind sie auch bereit, neue Erfahrungen zu machen oder diese Wahrnehmungen zu trainieren.

Es gibt magische Fähigkeiten, die sehr selten sind, wie reines Hellsehen, aber andere Fähigkeiten wie Wahrsagerei oder Heilkünste sind häufiger vertreten. Aber selbst, wenn du magische Grundbegabungen hast, ist es wichtig, sie in ihren ganz zarten frühen Formen erst einmal zu entdecken. Wenn du sie entdeckt hast, kannst du sie durch Ausbildung und Training voll entwickeln und lernen, wie du damit umgehst, damit sie deinen normalen Alltag nicht auf den Kopf stellen. Ziemlich mühsam kann ein Training hingegen sein, wenn du dir in den Kopf gesetzt hast, eine bestimmte Fähigkeit um jeden Preis trainieren zu wollen, ohne zu wissen, ob sie bei dir überhaupt in minimaler Form vorhanden ist. Aber manchmal bleibt dir auch kein anderer Weg, als es durch Interesse und Ausprobieren herauszufinden, ob du eine Begabung hast...

Ich will jetzt einige magische Grundfähigkeiten beschreiben und dazu ergänzen, welche Alltagsbeobachtungen Hinweise auf die Fähigkeit sein können. Außerdem gebe ich zu einigen Fähigkeiten ein Kapitel in meinem Buch an, wo du mehr darüber erfahren kannst.

Empathie

Mit Empathie ist die Grundfähigkeit gemeint, sich in die Gefühle anderer Leute hineinzuversetzen. Es ist eine menschliche Grundfähigkeit, ohne die unser Zusammenleben gar nicht funktionieren würde. Wir wären sonst wahrscheinlich oft taktlos und rücksichtslos. Wenn du einen Menschen sehr gut kennst, kannst du dich in seine Gefühle meist besser hineinversetzen als bei einem völlig fremden Menschen. Mit einer starken Empathie kann es aber passieren, dass du auch bei fremden Menschen instinktiv spürst, wie es ihnen in deiner Umgebung gerade geht. Das kann dir helfen, genau das Richtige zu tun, also jemanden zu trösten oder rechtzeitig in Deckung zu gehen, weil du weißt, dass ein Wutausbruch naht. Kinder, die in chaotischen Familien aufwachsen, weil Eltern oder Geschwister sehr unberechenbare Launen haben, entwickeln diese Fähigkeit sehr früh und stärker als Kinder aus Familien, in denen offen über Gefühle gesprochen oder sehr sensibel mit Gefühlen umgegangen wird. Wenn du manchmal merkst, dass du Gefühle anderer Menschen so intensiv spürst, als wären sie deine eigenen, kann es sein, dass du eine Empathin bist. Vielleicht findest du Gefühle anderer Menschen »ansteckend«, lachst schnell mit, wenn andere lachen, oder spürst selbst schnell Tränen, wenn andere weinen. Vielleicht ist es dir auch unangenehm, die Gefühle anderer so stark zu spüren. Vielleicht fühlst du dich manchmal geradezu überschwemmt von den Gefühlen anderer Menschen und brauchst deswegen oft mehr Distanz. Es kann anderen Menschen auch peinlich sein, wenn sie merken, dass du ihre Gefühlslage sehr genau und blitzschnell mitkriegst. Oder es wundert andere Menschen, dass du ihre Gefühle spürst, ohne dass sie sie aussprechen müssen.

Eine Empathin zu sein befähigt dich z. B. für heilende Berufe und zum Wahrsagen. Allerdings musst du dazu lernen, dich gut zu schützen und abzugrenzen. Eine Empathin kann meistens sehr gut ein Gruppenritual leiten, weil sie die Gruppenenergie sehr genau spürt und diese Gruppenenergie lenken kann. Sie kriegt die Stimmung im Ritualkreis genau mit und weiß, wie sie andere Menschen begeistern oder trösten kann. Ebenso kann eine Empathin gut für andere Menschen wahrsagen, weil sie in der Beratungssituation oft genau spüren kann, worum es den ratsuchenden Menschen geht. Wenn du also Anzeichen hast, eine Empathin zu sein, sind die Kapitel über Orakel und Rituale vielleicht besonders interessant für dich.

Telepathie

Empathie und Telepathie gehen ineinander über und sind nicht immer so genau voneinander abzugrenzen. Während es bei der Empathie aber eher um ein Spüren von Gefühlen anderer Menschen geht, ist Telepathie eher ein Erkennen der Gedanken anderer Menschen oder eine Übertragung von Gedanken, ohne sie auszusprechen. Wenn du es im Alltag manchmal erlebst, dass du gerade an jemanden denkst und dann das Telefon klingelt und eben diese Person dran ist, bist du vielleicht eine Telepathin. Bei den meisten Menschen ist es aber leichter, Gedanken anderer Menschen zu empfangen als selbst Gedanken auszusenden. In Notsituationen scheinen sich diese Fähigkeiten zu steigern, ebenso treten telepathische Kontakte zwischen vertrauten oder verwandten Menschen leichter auf. Wenn es dir im Alltag manchmal passiert, dass du jemandem auf den Kopf genau zusagen kannst, was er wohl gerade denkt, dann kann das auch ein Hinweis auf diese Fähigkeit sein. Ebenso kann es passieren, dass du einen Gedanken einer Person »in deinem Kopf hörst«, kurz bevor diese Person ihn dann wirklich ausspricht. Wie beim Thema Empathie und Wahrsagen ist es wichtig, dass du lernst, mit der Begabung taktvoll umzugehen und die Leute in deiner Umgebung nicht vor den Kopf zu stoßen.

Wahrsagen

Wahrsagen geht über Telepathie und Empathie hinaus. Beim Wahrsagen nimmst du einen Menschen auf eine besondere Art über die Zeit hinweg wahr. Wahrsagen zu können ist die Fähigkeit, aus dem Gefühl heraus oder mit

Wahrsagetechniken einem Menschen auf den Kopf zusagen zu können, wohin sein Verhalten wahrscheinlich führen wird. Ebenso kannst du auch wahrsagen, wie er sich wahrscheinlich in der Vergangenheit verhalten hat. Wenn du merkst, dass andere dich oft um Rat fragen, weil du Situationen gut einschätzen kannst, könntest du eine Wahrsagerin sein. Ebenso könnte es manchmal passieren, dass du jemandem unbequeme Wahrheiten auf den Kopf zusagen kannst. Manche der Menschen in deiner Umgebung, die hören, wie du ein wahres Wort sprichst, sind dann erschrocken oder sogar beleidigt. Andere Menschen müssen schmunzelnd oder widerstrebend zugeben, dass du Recht hast und sie sich durchschaut fühlen. Bevor du nicht gelernt hast, mit dieser Gabe umzugehen, kann es auch passieren, dass du dir manche Freundschaften damit ruinierst, weil du mit tiefen Wahrheiten offen herausplatzt. Vielleicht hast du erst nach dem Aussprechen gemerkt, dass du mal wieder einen ziemlichen Treffer gelandet hast. Viele Menschen mögen es nicht, wenn man sie durchschaut oder wenn sie offen auf ihre Fehler und Schwächen angesprochen werden. Denn sie wollen sich diese Fehler und Schwächen selbst nicht eingestehen. Wenn du dich in diesen Situationen wiedererkennen kannst, ist es wichtig für dich, mehr über Wahrsagetechniken zu erfahren. Leider kann ich in diesem Buch keinen Überblick über alle Wahrsagemethoden geben. Wahrscheinlich musst du gleichzeitig lernen zu schweigen, auch wenn du glasklar vorhersagen kannst, was wahrscheinlich passieren wird. Sonst kannst du mit den Menschen im Alltag, die nicht ausdrücklich eine Beratung von dir wollen, ganz schön Probleme bekommen.

Hellsehen

Hellsehen geht über das Wahrsagen hinaus. Beim Wahrsagen wird eine Wahrheit meistens sprachlich ausgedrückt und mit einer gewissen Wahrscheinlichkeit vorhergesagt, was passieren wird. Beim Hellsehen ist es eher so, dass du bestimmte Bilder »siehst«. Sei es, dass im Traum oder dass im Wachen auf einmal ein Bild in deinem Bewusstsein aufsteigt, das mit der Situation, in der du selbst gerade bist, gar nichts zu tun hat. Es gibt auch Hellhören, wo auf einmal ein Wort oder ein Satz gehört wird, der gar nicht im realen Gespräch fiel, sondern vielleicht jemand anderes Hunderte von Kilometern entfernt gerade in einem ganz anderen Gespräch sagt. Manche Menschen riechen auch hellsichtig, sie riechen z. B. einen Brand, der woanders stattfindet oder stattfinden wird. Es ist wieder eine Fähigkeit, die sich mehr in der Zeitschiene bewegt. Hellsichtige können die Vergangenheit oder Zukunft eines Menschen in Bildern vor sich sehen, auch wenn sie ihn noch kaum kennen. Bei vielen Menschen ist diese Begabung in Ansätzen vorhanden. Fast jeder kann sich daran erinnern, einmal etwas geträumt zu haben, was später eintraf. Das kann aber auch daran liegen, dass du von etwas träumst, was du schon geplant hattest. Traumarbeit kann ein wichtiges Hilfsmittel sein, eine hellsichtige Begabung zu entdecken. Beim Träumen ist der Verstand, der solche Ereignisse nicht wahrhaben will und sie oft unterdrückt, auf natürliche Weise im Hintergrund. Manche Menschen können in Trance hellsichtig sein, manche Menschen werden von diesen Bildern aber auch im Wachen »überfallen«. Das ist dann nicht immer angenehm und kann am Anfang auch ganz schön Angst machen. Wenn du erste Erfahrungen dieser Art machst, weißt du ja oft nicht, ob du eine Zukunft, eine mögliche Entwicklung oder ein Wunschbild gesehen hast. Manche haben auch eher Zukunftsahnungen als klare Bilder. Am Anfang überspringt die Begabung vielleicht nur ein paar Stunden. Du spürst auf einmal instinktiv, was du in wenigen Stunden auf normalem Wege erfahren hättest. Leider weißt du beim Hellsehen und bei Zukunftsahnungen oft nicht, wann dieses Ereignis genau eintreten wird oder ob es nur eine Warnung war. Wenn du solche Beobachtungen machst, suche unbedingt nach einer Person mit ähnlicher Begabung, die gelernt hat, damit zu leben. Es ist eine eher seltene und kostbare Begabung, die dich auch quälen kann, wenn du sie nicht ausbilden lässt. Zu dem Thema kann ich dir leider nur wenig sagen, da diese Begabung bei mir nur sehr schwach ausgeprägt ist. Als Einstieg kann ich dir aber das Kapitel über das Traumtagebuch empfehlen.

Wenn du im Alltag öfter déjà-vu-Erlebnisse hast, kann das auch ein Hinweis auf eine hellsichtige Begabung sein. Bei einem déjà-vu-Erlebnis hast du in der Situation, in der du es erlebst, das Gefühl, diese Situation schon einmal erlebt oder gesehen zu haben. Auch dabei ist wieder ein Vergleich mit einem Traumtagebuch oft hilfreich. Manches déjà-vu-Erlebnis kommt durch Träume in den Nächten zuvor zustande. Außerdem solltest du wissen, dass es Hinweise darauf gibt, dass durch die Hormonschwankungen in der Pubertät öfter déjà-vu-Erlebnisse auftreten können, ohne dass es gleich eine hellsichtige Begabung ist. Die schwankenden Hormonspiegel scheinen eine Abspeicherung von Erlebnissen in verschiedenen Gehirnregionen zu bewirken, wodurch dieses Gefühl der Ungleichzeitigkeit entsteht.

Priesterin sein

Priesterin sein zu können ist eine magische Begabung, die nur im Zusammenhang mit einer Religion oder Spiritualität sinnvoll ist. Heidnische Priesterinnen können mehrere Funktionen haben. Es gibt die Orakelpriesterin, die wahrsagt, die Priesterin als Mittlerin zwischen den Welten und die Priesterin, die die Fähigkeit hat, Rituale zu gestalten und durchzuführen. Hier soll es zunächst um die Fähigkeit der Priesterin gehen, Rituale durchzuführen. Priesterin einer heidnischen Religion zu sein, geht über ein Hexe-Sein hinaus. Du musst aber keine Priesterin werden, wenn du einfach nur Hexe sein willst. Eine Priesterin kleidet die Kräfte der Magie in einen spirituellen Hintergrund. Diese Fähigkeit wird im Horoskop manchmal durch Kombinationen von Saturn und Neptun angezeigt oder von Mond und Saturn.

Wenn du also gerne in der Natur bist und dich manchmal dabei ertappst, dass du im Wald andächtiger bist als in jeder Kirche, dann könntest du eine Priesterin einer Naturreligion werden. Vielleicht merkst du, dass es eine intensive Freude für dich bedeuten kann, einen Sonnenuntergang oder einen Mondaufgang zu beobachten. Vielleicht ertappst du dich dann dabei, dass du am liebsten einen Lobpreis auf Mutter Natur anstimmen würdest. Dann machst du erste spirituelle Erfahrungen mit der Natur. Wenn du bei einem Anblick eines Schmetterlings vor Freude eine Gänsehaut kriegen kannst, dann zeigt dir das, dass die Natur für dich ein Wunder sein kann, das du vielleicht auch im Gebet preisen könntest. Vielleicht kennst du es auch, dass du dich in der Natur oft geborgener fühlst als unter Menschen oder dass du ganz in der Naturbetrachtung versinken kannst. Dann kannst du in der Lage sein, den Lauf der Jahreszeiten im Ritual bewusst gestaltet zu erfahren und für andere erfahrbar zu machen. Eine heidnische Priesterin muss sich mit den Kräften der Natur verbinden können und sie in ein Ritual einfließen lassen. Die Natur ist für sie keine einfache Ansammlung belebter

Tiere und unbelebter Dinge, keine Mischung, die sich durch Biologie, Geographie und Physik vollständig erklären lässt. Die Kräfte der Natur sind für Heiden und Heidinnen ein Tor zu etwas Größerem, Magischen, Göttlichen. Wenn du diesen Zauber manchmal spürst, dann sind die Texte zu den Ritualen der Jahreskreisfeste vielleicht ein Weg für dich, deinen Kontakt zur Natur zu vertiefen. Ebenso könnte der Text über den Hausaltar und die heidnische Spiritualität für dich interessant sein.

Fähigkeit zur Zwiesprache mit Tieren, Steinen oder Pflanzen

So wie die Priesterin im Ritual der Jahreskreisfeste Kontakt mit der Natur als Ganzes aufnimmt, so gibt es die Fähigkeit, mit einzelnen Tieren oder Pflanzen Kontakt aufzunehmen. Das ist natürlich keine Zwiesprache wie unter menschlichen Freunden, wo ein laut gesprochenes Gespräch lebhaft hin und her geht. Aber vielleicht kennst du eine intensive Beziehung zu einem Tier, deiner Katze oder einem Pferd, das dir manchmal ohne Worte etwas zu sagen scheint. Oder du kennst einen schönen Ort in der Natur, bei einem Felsen, einem Bach oder einem Baum, an den du dich zurückziehen kannst. Irgendwie scheint dieser Felsen oder dieser Baum etwas Tröstliches, Ermutigendes oder Beruhigendes für dich zu haben. Das ist mit der Fähigkeit zur inneren Zwiesprache gemeint. Hexen erlauben es sich, mit Tieren, Steinen und Pflanzen »zu kommunizieren«, auch wenn viele Menschen das nicht für möglich halten. Es ist natürlich eine andere Art der Kommunikation als unter Menschen, aber gerade das macht sie so bereichernd. Wenn dich diese Fähigkeit interessiert, ist das Kapitel über Bäume als Kraftorte für dich interessant.

Fähigkeit, Kontakt zur Anderswelt aufzunehmen

Eine andere magische Fähigkeit besteht darin, Kontakt zu anderen Wirklichkeitsebenen aufzunehmen. Keltische Heiden benutzen dafür manchmal das Wort *Anderswelt*, es kommt aus der keltischen Mythologie. Das Wort *Anderswelt* ist nicht einfach ein Ersatz für das christliche Jenseits, sondern es enthält viele Schichten von Bedeutungen. Die *Anderswelt* ist zwar auch die Welt der verstorbenen und ungeborenen Seelen. Sie ist aber ebenso ein Hilfsbegriff für verschiedene Ebenen der Wirklichkeit. Die Kelten glaubten im Gegensatz zu den Christen nicht, dass wir das Jenseits erst nach dem Tod erreichen, sondern dass es eine andere Ebene der Wirklichkeit ist, die um unsere normale alltägliche Wirklichkeit herum oder direkt daneben existiert. Typisch dafür sind Sagen, in denen der Held eine Höhle im Berg betritt, dort die Elfen trifft und in eine völlig andere Zeit eintritt. Ähnliche Erfahrungen können wir in der Trance machen, nämlich dass unsere Wahrnehmung und unser Zeitgefühl sich verändern. Eine uns allen geläufige, natürlich veränderte Wirklichkeitsebene ist der Traum, den wir nachts erleben. Auch dort gelten die Gesetze von Zeit, Raum und Ort nicht so, wie im Wachen. Techniken, mit denen der Kontakt zur *Anderswelt* gesucht werden kann, sind Trance, Traumarbeit und Rituale.

Hast du oft sehr lebhafte Traumerinnerungen, oder kannst du dich manchmal in der Mythologie und in Fantasy-Büchern völlig verkriechen? Hast du manchmal nach dem Lesen oder nach dem Aufwachen etwas Mühe, wieder im normalen Alltag anzukommen? Dann könntest du eine Begabung für den Kontakt zu anderen Wirklichkeitsebenen haben. Aber auch dieser Kontakt will gelernt sein, damit dein Alltag nicht völlig durcheinandergewirbelt wird. Du weißt ja selbst, dass in deinem Leben von dir erwartet wird, dass du Hausaufgaben machst, selbst wenn der 4. Harry Potter-Band gerade ganz spannend ist und du am liebsten den Rest des Tages nur noch lesen und vor dich hinträumen würdest. Nach jeder Trance, jedem Tagtraum oder jeder Nacht im Land der Träume ist es wichtig, wieder im Alltag mit all seinen Verpflichtungen anzukommen, auch das gehört zu einer magischen Grundausbildung. Zu diesem Themengebiet gehört das Kapitel Traumtagebuch.

Telekinese

Telekinese ist die Fähigkeit, Objekte durch die Kraft geistiger Anstrengung zu bewegen. Die Meinungen zur Telekinese gehen etwas auseinander. Manche meinen, dass es eine sehr seltene Begabung ist. Andere fragen sich, ob es diese Begabung heute noch gibt oder je gegeben hat. Ich kenne zumindest niemanden, der diese Begabung hat, aber ich würde es nicht völlig ausschließen, dass es diese Begabung vielleicht wirklich gibt. Auf keinen Fall ist es eine Anfängerdisziplin oder eine sehr häufige Begabung... Gerade hier kannst du einen ziemlichen Frust erleben, wenn du versuchst, etwas zu üben, was bei den wenigsten Menschen klappen würde.

Wetterbeeinflussung

Dieses Thema hat ja in der grauenvollen Zeit der Hexenverfolgung eine große Rolle gespielt. Viele Frauen, die als Hexen verfolgt wurden, wurden des Wetterzaubers bezichtigt und für Missernten verantwortlich gemacht. Vielleicht mag es auch diese Begabung noch geben, ich weiß es nicht. Es gibt bekannte Hexen, die in ihren Büchern schreiben, sie wären zu Wetterzauber in der Lage. Real erlebt habe ich so etwas noch nicht. Was es sicher gibt, sind Menschen mit sehr ausgeprägten Vorahnungen, was einen Wetterwechsel angeht. Aus meiner eigenen Erfahrung heraus weiß ich, dass es in unausgebildetem Zustand manchmal sehr schwer ist, zwischen einer starken Vorahnung, Wunschdenken und echter Beeinflussung zu unterscheiden. Wenn du dich sehr nach Regen sehnst, weil du von dem schwülen Wetter schon Migräne hast, kann es sein, dass du die herannahende Gewitterfront so intensiv spürst, als ob du sie selbst herbeigerufen hättest. Hier hilft oft der Austausch mit erfahrenen Hexen und eine genaue Selbstbeobachtung in Form eines magischen Tagebuches, um mehr Klarheit über deine Begabung zu bekommen.

Ebenso kann es sehr frustig sein, wenn du aktive Wetterzauber versuchst. Auch zu dieser Begabung kenne ich niemanden in meinem weiten Freundes- und Bekanntenkreis von magisch interessierten und begabten Menschen, der wirklich einen zuverlässigen Wetterzauber wirken kann. Schon manche Ritualkreise haben an verregneten Sommersonnenwendfeiern darüber gestöhnt. Ich glaube, da ist es besser, realistisch zu bleiben und eben wetterfeste Kleidung zu tragen oder im Zimmer zu feiern.

Heilende Kräfte

Zu magischen, heilenden Kräften gehört zum einen die Fähigkeit, auf instinktivem Wege zu erkennen, was für eine Krankheit ein Mensch hat. Ebenso gehört zu heilenden Kräften eine erhöhte Grundfähigkeit, heilendes Wissen zu erwerben. Vielleicht gehörst du zu den Menschen, die sich schon immer eher für Kräutertees interessiert haben, als eine Tablette zu nehmen. Vielleicht hast du auch eine Oma, die viel über Heilkräuter weiß, und du konntest Einiges von ihr lernen. Vielleicht ertappst du dich bei einem Spaziergang dabei, dass du ein Heilkraut in der wilden Natur sofort erkennst, obwohl du es nur einmal im Biologiebuch gesehen hast oder sogar noch nie etwas darüber gelesen hast. Vielleicht ertappst du dich auch dabei, dass deine Freundin Bauchweh hat und du ihr instinktiv deine Hände auf den Bauch legst. Dabei merkt ihr dann beide, wie deine Hände ganz warm werden und deine Freundin sich entspannt. Das ist ein erstes Zeichen für eine Begabung zur heilenden Berührung. Vielleicht hast du dich auch einfach schon immer für Medizin oder Krankenpflege interessiert. Oder du hast schon einmal instinktiv gespürt, dass jemand in deiner Familie krank war, obwohl ihr nicht darüber gesprochen habt und der Mensch noch gar nicht beim Arzt war, es also auch selbst noch nicht wusste. Du hast es ihm einfach angesehen oder irgendwie gespürt, dass etwas nicht stimmte.

All das können Hinweise sein, dass du gute heilende Kräfte hast und leicht einen heilenden Beruf oder eine spirituelle Heiltechnik erlernen könntest. Auf alle Fälle ist es wichtig, wenn du eine alternative Heilmethode erlernen willst, gleichzeitig ein Minimum an normalem, schulmedizinischem Wissen zu erwerben. Du musst einfach wissen, wann es besser oder dringend nötig ist, einen normalen Arzt hinzuzuziehen, weil es vielleicht eine akute oder schon weit fortgeschrittene Erkrankung ist.

Aktive Magie – einen Zauber wirken

Während Hellsehen, Wahrsagen und Telepathie eher passive übersinnliche Kräfte sind, gibt es auch Formen aktiver Magie. Beim Wahrsagen spürst du etwas, was sein könnte und kannst es der Person, die dich um Rat bittet, sagen. Bei aktiver Magie ist der Prozess andersherum: Du kannst dir etwas, was du dir sehr wünschst, so lebhaft vorstellen und so sehr wünschen, dass es in dir und anderen Menschen Kräfte in Bewegung setzt, die es eintreten lassen. Aktive Magie spricht Kräfte in uns an, die eher auf der bildhaften Ebene existieren. Deswegen sind diese Kräfte durch magische Rituale und bildliche Vorstellungen besser zu aktivieren, als wenn wir uns etwas einfach nur vom Verstand her »vornehmen«. Die Kunst der aktiven Magie liegt darin, diese Vorstellungen so farbig und intensiv aufzubauen, dass dadurch Kräfte und Veränderungsprozesse in uns und anderen in Gang gesetzt werden. Aber hier gilt eine wichtige spirituelle Grundregel: Die Göttin und das Leben haben ein Widerspruchsrecht. Nicht alles, was wir uns wünschen oder mit Magie beschwören, trifft so ein, wie wir es ersehnt haben. Manchmal stellen wir dann Jahre später fest, dass die Göttin weise war und dass es ganz gut war, dass die Dinge nicht so eingetreten sind, wie wir es uns einmal sehnlichst gewünscht hatten.

Wenn du es schon einmal im Alltag erlebt hast, dass du dir etwas so sehr gewünscht hast, dass du Himmel und Hölle in Bewegung versetzen konntest, bis es eintraf, dann hast du vielleicht die Fähigkeit, aktive magische Zauber zu wirken. Du wirst aber in meinem Buch keine »Zaubersprüche« finden. Vielleicht bist du enttäuscht darüber, vielleicht hast du daran besonderes Interesse. Warum gebe ich in meinem Buch keine Zaubersprüche weiter? Für mich ist Magie mehr als Zaubersprüche sammeln. Zaubersprüche ohne den Rahmen eines Rituals oder Gebetes stellen für mich eine Seite von Magie dar, die es eher im Märchen oder in Fantasy-Romanen gibt. Da reicht oft das Aufsagen des richtigen Spruches aus, um Dinge zu verwandeln. Im Rahmen einer soliden magischen Arbeit ist das aber nicht so leicht. Ich fürchte also, dass deine Enttäuschung noch viel größer wäre, wenn ich hier ein paar Zaubersprüche nennen würde. Denn wenn du sie einfach nachsprichst und es würde danach gar nichts passieren, könnte das dazu führen, dass dein Interesse an Magie schnell wieder abnimmt.

Dennoch glaube ich an die magische Macht des Wortes und der Gedanken. Magie, wie ich sie verstehe, hat sehr viel damit zu tun, dass wir mit unseren inneren seelischen Kräften und den Kräften der Natur wieder enger in Kontakt kommen. Um Zugang zu diesen Kräften zu bekommen, ist aber meiner Meinung nach ein Orakel oder ein Ritual besser geeignet. Da jeder Zauberspruch in ein Ritual eingebunden werden sollte, bemühe ich mich, erst einmal das Grundwissen über Rituale und Visualisierung zu vermitteln. Oft hilft ein Ritual, mehr Kräfte freizusetzen als das bloße Heruntermurmeln eines Zauberspruches. Außerdem bleibt im Ritual der Bezug zur Göttin gewahrt, der sich bei einem bloßen Zauberspruch schnell in Egoismus und Größenwahn verwandelt.

Die Fähigkeit, mit dem inneren Auge zu sehen und zu visualisieren

So wie beim Hellsehen passiv Bilder empfangen werden, so werden beim Visualisieren aktiv innere Bilder gebildet. Dies kann helfen, mehr Kräfte im Ritual zu wecken, um einen Zauber zu wirken oder auch die Ritualenergien besser vorstellbar und lenkbarer zu machen. Beim Sehen mit den inneren Augen kannst du eine ganz andere Vorstellung von dir oder deinem Körper bekommen, als wenn du ihn mit den äußeren Augen siehst. Wenn du dir manchmal einen geliebten Menschen so sehr herbeisehnst, dass du ihn in wachem Zustand fast lebhaft vor dir sehen kannst, obwohl er nicht da ist, dann kannst du gut visualisieren. Manche Kinder haben in ihrer Kindheit einen lebhaft bildlich vorgestellten Spielkameraden, weil sie sehr einsam sind. Manche Menschen lernen schon sehr früh, sich an einen bildlich vorgestellten Ort geistig zurückzuziehen. Sehr gut ist, die Fähigkeit zum Visualisieren im Halbschlaf, also z. B. kurz vor dem Einschlafen zu aktivieren. Visualisierung wird oft in Ritualen eingesetzt, sie ist auch gut trainierbar. Deswegen habe ich ein Kapitel dazu geschrieben. Es ist aber nicht nötig, visualisieren zu können, um eine Hexe zu werden. Fast alle Übungen der Visualisierung lassen sich auch durch konkrete Übungen ersetzen.

War bisher gar nichts für dich dabei?

Wenn du dich bisher in keiner dieser Fähigkeiten wiedererkannt hast, sei nicht traurig. Diese Liste ist sicher nicht vollständig, sondern nur ein Versuch, die häufigsten Begabungen zu beschreiben. Es gibt noch viele andere Fähigkeiten wie die Hexenküche oder die Fähigkeit, andere Menschen durch Magie zu überzeugen oder zu beeindrucken. Das Wichtigste ist dein Interesse an dem Thema und deine Offenheit für neue Erfahrungen. Wenn du diese Fähigkeiten und ihre Alltagsbeispiele so gelesen hast, ist es möglich, dass du jetzt im Alltag eher einen magischen Moment entdeckst, weil du offener dafür bist.

Was mache ich, wenn ich Begabungen bei mir entdecke?

Es hilft nichts, wenn du zwar Wahrsagen kannst, aber weder mit Tarot noch mit Pendel oder Astrologie oder Runen zu arbeiten gelernt hast. Wenn du also eine Grundfähigkeit an dir entdeckt hast, kannst du daran gehen, eine dazu passende Technik zu erlernen und sie anzuwenden.

Es hilft nichts, wenn du starke Vorahnungen hast, aber nicht gelernt hast, zu schweigen und damit zu leben. Zu vielen Fähigkeiten gehört außer der Entwicklung der Fähigkeit selbst die Begabung, die Fähigkeit in den normalen Alltag zu integrieren. Empathie wird in der rationalen Erwachsenenwelt auch nicht immer honoriert. Empathie kann beim

Leben in der Großstadt ziemlich stressig sein, z. B. wenn du in überfüllten Bussen und Bahnen die Gefühle wildfremder Menschen hautnah mitkriegst. Du musst lernen, deine Kräfte gezielt anzuwenden und dich bei Bedarf abzuschirmen, beispielsweise über das Bilden eines Schutzkreises (siehe dazu der Abschnitt »Visualisieren«).

Es hilft nichts, wenn du heilende Kräfte hast, aber nicht gelernt hast, wann du besser einen normalen Arzt oder eine Psychotherapeutin hinzuziehen solltest. Ich finde es wichtig zu lernen, eine gesunde rationale Sicht der Welt mit dem magischen Weltbild sinnvoll zu verbinden. Jede und jeder löst das ein bisschen anders. Wenn du heilende Fähigkeiten entdeckt hast, ist es sinnvoll, wenn du deine Fähigkeiten als spirituelle Heilerin mit einer schulmedizinischen Ausbildung ergänzt. Sonst gehst du evtl. ein zu hohes Risiko ein mit einer Fehlbehandlung oder einer Fehldiagnose.

Woher kommen die Begabungen?

Die Begabungen sind meistens vererbt, manchmal aber auch das Produkt eines früheren Lebens. Die meisten Begabungen müssen zu ihrer Anwendung aber weiter ausgebildet werden. Auch wenn du in deiner Familie jetzt auf Anhieb keinen kennst, der magische Begabungen zu haben scheint, kann es sein, dass es in der Generation deiner Großeltern solche Begabungen gegeben hat. Diese Begabungen überspringen oft eine Generation. Außerdem haben viele Menschen ihre Begabungen mit einer christlich gefärbten Angst oder ihrem starken Verstand unterdrückt. Die grauenvollen Jahrhunderte der Hexenverfolgung haben dazu geführt, dass viele weise Frauen sich nicht mehr trauten, ihre Begabungen offen zu leben.

Übungsfragen:

1. In welchen Begabungen hast du Erlebnisse von dir wiedererkannt?
2. Welche Begabungen kanntest du schon, welche waren dir neu?
3. Über welche Begabung möchtest du mehr wissen?
4. Gibt es eine Begabung in deiner Familie? Vermutest du eine?

II. Kapitel

Der magische Alltag

Die vier Elemente

Zur Lehre von den vier Elementen gibt es kein eigenes Buch, da diese Lehre sehr grundlegend ist. Du findest sie in fast jedem esoterischen Buch wiederkehrend, sei es Tarot oder Astrologie oder Rituale. In der Kultur, mit der ich vertraut bin, spricht man in der Regel von vier Elementen. Zu einem manchmal auftauchenden fünften Element sage ich dir später mehr. Es gibt die Symbolik der Vier in vielen Lebensbereichen: Es gibt vier Jahreszeiten in unseren Breitengraden, es gibt vier Tageszeiten, es gibt auch eine schon sehr alte Lehre von vier Charakteren des Menschen, grundlegenden Eigenschaften des Temperamentes und des Gefühlslebens, es gibt vier Himmelsrichtungen. Bis auf die vier Himmelsrichtungen, die bei den Indianern anders zugeordnet werden, gibt es Traditionen, die diese ganzen symbolischen Vierer mit der Lehre von den vier Elementen auf eine gemeinsame Grundenergie zurückführen und bündeln.

In der Anrufung beginnen wir meistens mit dem **Element Luft**. Das Element Luft ist in unserer Tradition dem Osten zugeordnet und damit dem Morgen, wenn die Sonne im Osten aufgeht. Die Jahreszeit, die dem Element Luft zugeordnet ist, ist der Frühling, wenn alles blüht, Blütendüfte und das Summen der Bienen die Luft erfüllen. An Fähigkeiten und Charaktereigenschaften steht das Element Luft für die Kraft unseres Verstandes, für die Fähigkeit, Distanz zu den Dingen des Lebens einzunehmen, die Dinge aus der Vogelperspektive zu sehen, aber auch für Einfallsreichtum, Leichtigkeit, sprühende Ideen. Im Tarot wird das Element Luft meist durch Schwerter dargestellt, einige modernere Zeichnerinnen haben aber auch Federn dafür genommen. Schwerter sind Waffen, deren Technik erlernt werden muss, sie müssen mit wachem Verstand geführt werden. Das Schwert steht aber auch für die Waffe, die unser Verstand selbst sein kann, der uns die Fähigkeit gibt, Dinge zu durchschauen, unsere Worte listig zu wählen, Menschen zu durchschauen, zu überreden, zu überzeugen oder sogar zu überlisten.

Krafttiere des Elementes Luft sind meist Vögel, aber auch Schmetterlinge und Bienen. Im Ritual und für meinen Hausaltar nehme ich meistens Federn für das Element Luft, du kannst aber auch eine Flöte oder Räucherwerk nehmen.

Von den Sternzeichen her gehören die Zwillinge, Waage und der Wassermann zum Element Luft.

Das **Element Feuer** ist dem Süden zugeordnet, der Tageszeit Mittag, wenn die Sonne am höchsten steht und ihr Feuer voll entfaltet. Die entsprechende Jahreszeit ist der Sommer, wo die Sonne auch die stärkste Kraft hat und die Luft manchmal vor Hitze brennt. An Fähigkeiten und Charaktereigenschaften steht das Element Feuer für Tatendrang, Machtdrang, Begeisterungsfähigkeit und Leidenschaftlichkeit. Für unsere Fähigkeit, für etwas innerlich zu brennen und zu verglühen oder auch vor Wut zu kochen.

Im Tarot wird das Element Feuer oft durch Holzstäbe dargestellt. Zum einen gibt Holz dem Feuer Nahrung, zum anderen ist ein Holzstab eine sehr grobe Waffe, die man im bloßen Wutanfall dem Gegner einfach über den Kopf hauen kann. Krafttiere des Elementes Feuer sind Katzen, weil sie das menschliche Herdfeuer schätzen, Feuersalamander und die die Sonne so liebenden Eidechsen, sowie der Löwe. Im Ritual nehme ich meistens das Feuer selbst, also mindestens eine Kerze oder auch Kohlen, wenn's schon kein Lagerfeuer sein kann. Für Rituale in größerem Rahmen habe ich inzwischen einen sehr schönen, dekorativen Holzstab gefunden. Eine Freundin von mir hat einen schönen kleinen Kupferkessel, in dem ein paar Kohlen glühen können.

Die Sternzeichen Widder, Löwe und Schütze gehören zu diesem Element. Die Elemente Luft und Feuer werden als männlich angesehen.

Feuer braucht Luft, um zu brennen, d. h. diese zwei Elemente können sich gut ergänzen. Im astrologischen Tierkreis liegen sich immer ein Luft- und ein Feuerzeichen gegenüber.

Das **Element Wasser** wird im Westen angerufen. Es ist der Tageszeit des Abends zugeordnet, wenn die Hitze des Tages wieder nachlässt, das Tageswerk meist getan ist und wir oft Rückschau über den Tag halten. Die Jahreszeit ist der Herbst, wenn die Zeit der Ernte kommt und Regen wieder häufiger wird, die Blüten und Blätter des Sommers langsam erst farbenprächtig welken und dann zu braunem Matsch zerrinnen.

An Fähigkeiten und Charaktereigenschaften steht das Element Wasser für die Macht unserer Gefühle und unsere Sehnsucht nach Spiritualität; für Tränen der Freude und der Trauer, alle Wallungen unserer Körperflüssigkeiten; für unsere Phantasie und Kreativität, unsere Fähigkeit, uns einzufühlen in andere Menschen, aber auch für die Macht der Illusionen, wenn unsere Sehnsüchte uns Dinge hoffen lassen, die einer Überprüfung des Verstandes nicht standhalten. Im Tarot wird das Element Wasser meist durch Kelche dargestellt. Kelche können das Wasser des Lebens fassen, aber auch berauschenden Wein, sie können dem Durstigen gereicht werden, aber auch dem Verzweifelten, der im Suff den letzten Trost sucht. Krafttiere des Elementes Wasser sind Fische, Schlangen, Kröten und Schnecken. Im Ritual und für meinen Hausaltar nehme ich gerne Kelche, die ich mit Wasser fülle, ich habe schon eine ganze Sammlung davon, so sehr mag ich sie. Du kannst aber auch Muscheln oder Schneckenhäuser nehmen, auch über Kochkessel wird in der Tradition öfter berichtet.

An Sternzeichen gehören zum Element Wasser Krebs, Skorpion und Fische.

Das **Element Erde** wird im Norden verehrt. Ihm wird die Tageszeit der Nacht zugeordnet und die Jahreszeit des Winters, wenn die Bäume und Büsche kein Laub mehr tragen und die Erde und die Felsen klarer zutage treten. Auch die Erstarrung des Wassers zu Eis und Schnee zeigt die Festigkeit des Elementes Erde an.

An Fähigkeiten und Charaktereigenschaften steht das Element Erde für Zuverlässigkeit, Bodenständigkeit, sowohl Disziplin (Sternzeichen Steinbock), Beschränkung auf das Notwendigste (Jungfrau) wie aber auch sinnlich-irdische Genüsse (Stier) und alle irdischen Künste wie Malerei und Bildhauerei. Es steht für unser Bewusstsein für unseren Körper und die Themen der Nahrung und der Arbeit. Es kann auch für eine innere Erstarrung stehen. Im Tarot wird das Element Erde meist durch die Münzen dargestellt, die ein Tauschmittel für die meisten irdischen Dinge unseres Lebens sind. Einige moderne Kartenzeichner haben aber auch Steine oder Felsen dafür genommen. Krafttiere des Elementes Erde sind Tiere, die in den felsigen Höhen leben wie z. B. Steinböcke oder auch Höhlentiere wie Murmeltiere oder Bären, die im Winter in den Höhlen der Erde überwintern.

Im Ritual und auf meinem Hausaltar habe ich für das Element Erde lange Jahre schöne Steine, Kristalle oder Figuren aus Ton oder eine Tonschüssel mit Erde gefüllt genommen. Es dauerte sehr lange, bis ich in Italien im Urlaub sehr schöne Münzen gefunden habe, die ich jetzt öfter dafür nehme.

Von den Sternzeichen stehen Stier, Jungfrau und Steinbock für das Element Erde.

Die Elemente Erde und Wasser werden als weiblich angesehen. Erde braucht Wasser, um sich zu beleben, d. h. die Elemente ergänzen einander gut. Im astrologischen Tierkreis liegen Erd- und Wasserzeichen immer gegenüber.

Übungen zu den vier Elementen

Falls du ein paar Übungen zu den vier Elementen machen willst, habe ich dazu folgende Vorschläge entwickelt:

1. Mache einen kleinen Spaziergang, versuche dabei Gegenstände als Symbole für die vier Elemente zu finden.

2. Überlege dir, welche Märchen- oder Fantasygestalten du kennst und welchem Element du sie zuordnen würdest.

3. Sieh dich in deinem Zimmer um. Welche Gegenstände, die Symbol für ein Element sein könnten, kannst du entdecken?

4. Probiere das Gleiche in der Küche!

5. Erfrage in deiner Familie und in deinem Freundeskreis die Sternzeichen deiner Verwandten und Freunde und Freundinnen. Sortiere sie nach den vier Elementen. Kannst du eine Häufung bei einem Element erkennen oder sind alle vier Elemente vertreten?

6. Bevor du in einem vollen Ritual die vier Elemente anrufst, kannst du sie ja einfach begrüßen. Versuche, einen Gruß oder eine Bitte an jedes Element auszusprechen.

7. Falls du damit beginnst, die vier Elemente anzurufen, ist es wichtig, dass du sie nach einiger Zeit auch wieder verabschiedest. Sonst bleibst du vielleicht energetisch zu aufgeladen oder ein Element drängt sich in dein Alltagsleben und wirkt sich dort störend aus. Das Verabschieden geschieht dann in umgekehrter Reihenfolge, also zur Anrufung Luft Feuer Wasser Erde, beim Verabschieden Erde Wasser Feuer Luft. Sei nicht enttäuscht, wenn du die vier Elemente anrufst und es nicht gleich donnert und blitzt dabei. Es ist eher so, dass du dich damit in ein bewusstes Energiefeld stellst, das sowohl Kräfte in dir weckt wie dich mit Kräften der Natur verbindet. In einer Gruppe sind solche Anrufungen meist aufregender als alleine.

In dem Kapitel »Die Jahreskreisfeste« im hinteren Teil des Buches findest du auch Beispiele für eine solche Anrufung.

Was ist das fünfte Element?

Die vier Elemente Feuer, Wasser, Luft und Erde sind sehr bekannt in der europäischen Magie. Dennoch wird manchmal von einem fünften Element gesprochen, es wird manchmal Äther genannt. Was hat es damit auf sich? Zum einen gibt es in anderen Ländern und Kulturen ganz andere Elementelehren. Im asiatischen Raum gibt es z. B. eine Fünf-Elemente-Lehre, die mit Feuer, Wasser, Erde, Metall und Holz als den fünf Elementen arbeitet, so z. B. im Feng Shui.

Aber auch innerhalb der europäischen Geheimlehren gibt es ein fünftes Element, das von manchen Menschen mit dem schon erwähnten Äther bezeichnet wird. Wenn du einen magischen Kreis gezogen hast, verstärkst du diesen magischen Kreis, indem du die vier Elemente darin anrufst. Dazu gibt es die Vorstellung von einem Kraftkegel, der über diesem Kreis entsteht. Rein räumlich gedacht entspricht das fünfte Element der Spitze dieses Kegels. Da der Mensch, der Magie betreibt, innerhalb dieses Kraftkegels steht, sagen auch manche, das fünfte Element übersteigt die Natur. Es kommt erst durch den Menschen zustande, der Magie betreibt. Insofern wird auf den Altären selten ein Symbol für das fünfte Element hinterlegt, da die vier Elemente die Kräfte der Natur ausreichend abbilden. Das fünfte Element entsteht wie auch in dem gleichnamigen Science-Fiction-Film durch die Person, die die vier Elemente anruft und in deren Kraftfeld Magie betreibt. Das fünfte Element steht auch für die spirituelle Suche, die den Menschen hinter den Kräften der Natur das Wirken der göttlichen Kräfte erkennen lässt.

Im Tarot gibt es einzelne Karten, die auf die Energie des fünften Elementes hinweisen. Im Rider-Deck sind das z. B. die Karten Schwert Königin oder Schwert As. Das zeigt, dass manche Menschen das fünfte Element als eine höhere Form des Elementes Luft ansehen. Andere sehen das fünfte Element sehr nahe am Element Erde, so wie das Pentakel ein Symbol für Erde, für den Menschen und für Magie ist.

Der Hausaltar

Wenn du die Wicca-Religion kennen lernen willst oder schon einiges darüber gelesen hast, bist du wahrscheinlich irgendwann darüber gestolpert, dass eine richtige Hexe einen Hausaltar hat. Was ist das, hast du dich vielleicht gefragt. Wie kann ich mir selbst einen Hausaltar machen? Brauche ich dafür sehr teure Zutaten?

Der Hausaltar ist ein fester kleiner Platz in deiner Wohnung oder deinem Zimmer, an dem du regelmäßig magisch arbeiten und kleine Andachten oder größere Feiern abhalten kannst. Wenn du dafür einen festen Ort einrichten kannst, können sich deine magischen Gewohnheiten und Kräfte auch festigen. Das ist nötig bei einer Art der Magie, die Magie nur als Werkzeug und als Teil der heidnischen

Religion ansieht. Wenn du einfach nur Magie erlernen willst und noch nicht weißt, ob du auch zu einer begleitenden Religion einen Bezug findest, brauchst du wahrscheinlich noch keinen Hausaltar. Lies dir den folgenden Text dennoch einfach mal durch, vielleicht findest du auch dadurch einen ersten Zugang zur Spiritualität der alten Götter und Göttinnen. Nicht jede, die Magie betreibt, ist auch in dem hier beschriebenen Sinne gläubig. Einige berühmte Magierinnen, z. B. Dion Fortune, waren neben ihrer Magiertätigkeit weiter Christinnen. Dion Fortune rief statt der vier Elemente vier Erzengel an. Statt des hier beschriebenen heidnischen Hausaltares benutzte sie einen christlichen heiligen Winkel, der durch Kreuz, Weihrauch, Weihwasser, Bibel und Gebetbuch gefüllt wurde.

Was gehört nun zu einem Hausaltar im Sinne der Wicca-Religion? Die meisten Hexen haben auf dem Altar Kerzen stehen. Bei mir stehen z. B. immer Kerzen in der Farbe des aktuellen Jahreskreisfestes auf dem Altar. So sehe ich schon an der Farbe der Kerzen, was für eine Jahreszeit gerade ist und was das letzte große Ritual war. Es müssen keine durchgefärbten Kerzen sein für die magische Arbeit, aber viele finden durchgefärbte Kerzen einfach schöner. Wenn du mit deinen Eltern Schwierigkeiten bekommst, weil sie nicht wollen, dass du alleine Kerzen auf dem Altar in deinem Zimmer abbrennst, versuche offen mit ihnen darüber zu reden. Ihr könnt euch z. B. einigen, dass du nur Kerzen anmachst, wenn deine Eltern auch zu Hause sind, oder dass du immer einen Eimer Wasser daneben stellst. Wenn du nicht ständig mit Wachsflecken kämpfen willst, ist es gut, wenn du einen Kerzenhalter nimmst, der das Wachs auffängt. Vielleicht erlauben dir deine Eltern auch eher ein Windlicht oder ein Teelicht oder eine Schwimmkerze. Versuche, dich wirklich mit deinen Eltern zu einigen, damit dein neues Interesse für Magie und Heidentum nicht von Anfang an durch Streit geprüft und gestört wird.

Die meisten Hexen legen auf den Altar außerdem Symbole für die vier Elemente, damit sie im Ritual leicht greifbar sind. Dann habe ich eine kleine Tierfigur auf dem Altar stehen, die eines meiner Krafttiere darstellt. Wenn du noch nicht weißt, was dein Krafttier ist, kannst du damit noch warten oder einfach ein kleines Figürchen eines Lieblingstieres dazustellen. Auf den Altar gehört auf alle Fälle etwas Räucherwerk für das Rauchopfer. Zum Thema Räucherwerk findest du später noch ein eigenes Kapitel.

Außerdem lasse ich immer eine kleine Vase auf meinem Hausaltar stehen, in der aber nur Blumen oder Zweige stehen, wie sie gerade in der Natur auch zu sehen sind. Nimm also keine Rosen mitten im Winter sondern dann nur Tannenzweige oder eben die ersten Schneeglöckchen. Immer Blumen zu kaufen, wäre auch zu teuer. Die Wicca-Religion ist eine Naturreligion und dazu gehört auch, dass du in der Natur, auf dem Feld oder in einem Park öfter Kontakt mit der Natur aufnimmst, indem du z. B. spazieren gehst oder neben einem Baum sitzt und meditierst. Von diesen Spaziergängen kannst du dir dann immer einen schönen Zweig oder wilde Kräuter und Feldblumen mitbringen.

Viele Wicca-Priester und -Priesterinnen betonen außerdem, dass ein Bild der Göttin und des Gottes auf dem Altar stehen sollte. Ich selbst habe das erst nach zehn Jahren gemacht, als mir klar war, welches Bild für mich stimmig war. Am Anfang wird es für dich vielleicht gar nicht so leicht sein, einen Bezug zur Göttin zu bekommen oder eine Vorstellung davon zu entwickeln, die dir etwas sagt oder die dich im Ritual trägt. Du hast in der Wicca-Religion die absolute Freiheit, dein eigenes Bild zu suchen und zu entwickeln. Es gibt weder ein Bilderverbot, wie im Judentum oder im Islam, noch vorgeschriebene Bilder. In Museen der klassischen Antike oder der Vor- und Frühgeschichte hast du die Möglichkeit, einige alte, antike Götter und Göttinnen zu sehen und zu prüfen, ob dich etwas davon anspricht. Manchmal stelle ich im Ritual eine Postkarte hin, die ein Bild einer griechischen Göttin zeigt. Die ältesten Bilder für Gott und Göttin sind die Sonne für den Gott oder der Mond für die Göttin. Wenn du also zwei kleine Symbole für Sonne und Mond hinlegst oder aufstellst, hast du schon eine Form dafür gefunden. Vielleicht sind am Anfang auch Mutter Erde oder die Natur für dich ein erster Begriff von der Göttin, mit dem du etwas anfangen kannst. Dann versuche, ein Bild zu finden, das das für dich ausdrückt.

Was für einen Schrank oder ein Tischchen kannst du für den Altar nehmen?

Wenn du im Ritual gerne kniest oder auf dem Boden hockst, ist ein kleiner Couchtisch für dich vielleicht sinnvoll. Ich stehe gerne im Ritual und bei den Anrufungen, daher bevorzuge ich ein höheres Schränkchen. Mein Altar ist ein harmloser kleiner Schrank von Ikea, aber da ich ihn schon so lange als Altar benutze, hat er im Laufe der Jahre eine besondere Kraft und Ausstrahlung bekommen. Unterhalb der Altarfläche habe ich in dem Schrank meine Stereoanlage eingebaut, sodass ich im Ritual leicht Musik anstellen oder abstellen kann. Wenn du noch sehr kleine Geschwister hast, ist es auch gut, wenn du für den Altar einen etwas höheren Schrank nimmst, an den sie nicht drankommen.

Es ist ganz allgemein wichtig, dass du auf den Altar nur Sachen legst, die alle anderen Leute, die in dein Zimmer stolpern, auch sehen und im Zweifelsfalle anfassen können.

Es gilt im Wicca-Kult zwar als grob unhöflich, die Altargegenstände einer anderen Hexe ohne deren Erlaubnis zu berühren, aber du kannst nicht davon ausgehen, dass das jeder weiß, der dich besucht. Unter Umständen ist es für dich sogar hilfreich, wenn dein Altar einfach wie ein nett arrangierter harmloser Tisch mit ein paar Kerzen und schönen Objekten wie Federn, Steinen usw. aussieht und nicht von jedem Unwissenden sofort als Altar erkannt wird. Das kann dich vor unliebsamen Fragen bewahren. Auf keinen Fall würde ich auf meinem Altar offen mein Tagebuch, mein Traumtagebuch oder meine Tarotkarten liegen lassen. Das sind sehr persönliche Dinge, die ich lieber in einer sicheren Schublade aufbewahre. Bei meinen Tarotkarten möchte ich auf keinen Fall, dass jeder sie sieht und anfassen kann.

Über das Schränkchen habe ich ein abstraktes, meditatives Bild gehängt, das ich selbst einmal vor Jahren gemalt habe. Es ist wichtig, dass an der Fläche hinter dem Altar, vor der du oft stehen wirst, etwas hängt, was dich eher in meditative Stimmung bringt als auf etwas Konkretes festlegt. Außerdem hängen an der Wand über meinem Altar die getrockneten Kräutersträuße vom letzten Sommer, die ich nicht zu Tee verarbeitet habe. Es gibt Kräutersträuße, die eher zu rituellen Zwecken gebunden werden wie Salbei oder Beifuß zum Räuchern.

Wenn du den Text über den Hausaltar bis jetzt gelesen hast, fragst du dich vielleicht, wie du dir das Ganze so räumlich vorstellen sollst... Wo stehe ich, wo steht der Altar, wo liegen die Symbole für die vier Elemente? Ich will versuchen, das kurz zu erklären.

Für Altäre gibt es zwar die theoretische Vorschrift, dass sie am besten nach Norden weisen sollen. Aber die wenigsten Häuser und Zimmer stehen heute rechteckig zur

Nord-Südachse. Außerdem kann in deinem Zimmer in Richtung Norden vielleicht gerade die Tür sein, oder auch das Bett oder Fenster stehen. Daher finde ich, dass es nicht darum geht, diese Vorschrift so streng umzusetzen. Stell dir mal vor, wie sperrig und merkwürdig ein Hausaltar wirken würde, der schräg mitten in deinem Zimmer steht. Alle würden darüberstolpern und dich ständig fragen, was das sperrige Ding da sein soll. Es soll doch auch gemütlich sein und schön aussehen, anstatt immer streng nach Regel vorzugehen und dabei aber dein Zimmer völlig zu verunstalten oder zuzubauen. Die Symbole für die vier Elemente kannst du aber meistens leicht in die vier zugehörigen Himmelsrichtungen legen.

Wie wird nun ein Schränkchen mit diesen Gegenständen zum Altar? Brauchst du dafür ein besonderes Ritual?

Zum einen ist es wichtig, dass du deinen Altar pflegst und nicht vergammeln lässt. Dazu gehören so profane Dinge wie hin und wieder Staubwischen und regelmäßig für frische Blumen und frische Kerzen zu sorgen. Grob gesagt, wird dein Hausaltar auch ohne großes Ritual zu einem Altar, indem du ihn wirklich als Altar benutzt. Dein Altar wird zum Altar, je öfter du darauf frische Blumen stellst, je öfter du Kerzen brennen hast oder räucherst, je öfter du davor stehst, meditierst, Rituale feierst oder betest. Du kannst ihn aber auch in einem kleinen Ritual einweihen, wenn du ihn das erste Mal aufgebaut hast.

Ritualvorschlag zur Einweihung des Hausaltares

Vor Beginn des Rituals legst du dir alles zurecht, was du dafür verwenden willst, und sorgst dafür, dass du eine Stunde ungestört sein kannst.

Zur Einweihung des Altares würde ich auf die Fläche, die dein Altar werden soll, zuerst die Kerzen mit dem

Kerzenhalter stellen und anzünden. Dann würde ich als Nächstes das Räucherwerk aufstellen. Du kannst das Räucherwerk entzünden und dich und den Altar damit abräuchern. Das dient der Reinigung und, wenn du den Duft richtig gewählt hast, kann dich alleine der Geruch schon in eine meditative Stimmung bringen. Atme ihn bewusst ein und sieh dem Rauch eine Zeitlang zu. Wenn du schon in der Lage bist, so ein Gebet zu sprechen, kannst du halblaut oder innerlich sprechen: Göttin / Mutter Erde / Kraft der Natur (je nach dem, was dir stimmig erscheint), nimm mein Rauchopfer an.

Dann stellst du dir zuerst um dich herum einen Schutzkreis vor. Schließe die Augen und versuche, dir bildlich vorzustellen, wie du hinter dir ein Messer siehst, das mit der Klinge auf den Boden weist. Zieh dann in deiner bildlichen Vorstellung mit dem Messer einen Kreis um dich und den Altar bis zur Stelle hinter dir, wo du begonnen hast. Wenn dir das Messer als Symbol unangenehm ist, kannst du auch einen Stock oder eine helle Lichtkugel als Symbol nehmen. Wenn der Kreis gezogen ist, sage dir: Ich stehe geschützt in einem Kreis. Dann kannst du dir bildlich vorstellen, wie von deinen Füßen aus Wurzeln in die Erde wachsen. Sage dir dazu: Ich bin fest mit der Erde verbunden. Stelle dir dann vor, wie von deinem Altar aus ebenfalls Wurzeln in die Erde wachsen, die sich mit der Erde und mit deinen Wurzeln verbinden. Sage dazu: Ich nehme die Kraft der Erde auf. Mein Altar nimmt die Kraft der Erde auf. Wir sind mit Mutter Erde verbunden.

Dann kannst du die vier Elemente bitten, auf deinem Altar zu wohnen. Nimm nacheinander die Symbole für die vier Elemente und lege sie auf den Altar. Dabei wird in der Wicca-Religion üblicherweise eine gewisse Reihenfolge eingehalten: Nimm also zuerst das Symbol für die Luft, z. B. eine Feder, und sprich nach Osten: »Ich bitte das Element Luft, auf meinem Altar zu wohnen. Ich will es ehren und in meinem Leben achten.« So nimmst du dann nacheinander die Symbole für das Feuer (nach Süden sprechen), das Wasser (nach Westen sprechen) und schließlich die Erde (nach Norden sprechen).

Du kannst dann, wenn du willst, die Göttin, die Natur oder Mutter Erde bitten, deinen Altar anzunehmen und ihr versprechen, ihr dort oft ein Rauchopfer zu bringen. Bleibe einen Moment stehen vor deinem Altar, höre vielleicht eine meditative Musik oder singe ein Lied, was dir passend erscheint. Lass die Kerzen so lange brennen, wie es dir richtig erscheint. Lass die Kerzen aber nicht brennen, wenn du nicht mehr im Zimmer bist, sondern behalte sie im Auge.

Spüre, wie lange du eine meditative Stimmung aufrechterhalten kannst. Wenn sie nachlässt, kannst du das Ritual abschließen, indem du den Schutzkreis auflöst. Dazu stellst du dir den Schutzkreis erneut vor und ziehst ihn in umgekehrter Reihenfolge. Löse dich dann bewusst aus der feierlichen Stimmung.

Lüfte etwas, bewege dich ein bisschen, esse vielleicht eine Kleinigkeit, um wieder im Alltag anzukommen. Wenn du willst, kannst du dein Erlebnis in deinem magischen Tagebuch festhalten oder einer Freundin erzählen.

Veränderungen auf dem Hausaltar

Im Laufe des Jahres verändert sich dein Hausaltar, das ist ganz normal. Bei anderen Festen wirst du vielleicht eine andere Farbe der Kerzen finden, du wirst vielleicht irgendwann andere Steine nehmen wollen oder andere Federn. Dein Hausaltar ist nichts Festgelegtes, was immer so bleiben muss wie bei der Einweihung. Je nach Jahreszeit stehen andere Blumen in der Vase. Im Herbst wirst du vielleicht Eicheln, Kastanien und Nüsse auf den Altar legen, im Frühjahr an Ostara vielleicht ein buntes Ei. Dein Altar soll ja gerade den Wandel der Natur und ihre Kräfte in deinem Zimmer abbilden.

Je nach Ritual wirst du auch andere Rauchwaren nehmen oder ein anderes Bild der Göttin. Vielleicht kommt im Laufe der Jahre auch eine Rassel dazu, ein Amulett, einige neue Steine usw. Du hast das Recht, den Altar immer so zu verändern, wie es dir passend erscheint, da gibt es meiner Meinung nach keine sinnvollen Vorschriften. Sicher wirst du in einigen anderen Büchern teilweise sehr konkrete Vorschriften finden, wie so ein Ritualaltar auszusehen hat.

Wenn du draußen im Freien ein Ritual gefeiert hast und dort eine Kreismitte gestaltet hattest, kannst du die Objekte von der Kreismitte wieder mit nach Hause nehmen und noch eine Zeitlang auf dem Altar liegen lassen. Genauso wirst du für ein Ritual außerhalb deines Hauses vielleicht ein paar magische Werkzeuge vom Hausaltar mitnehmen zum Ritual. Nach einem größeren gemeinsamen Ritual mit einer großen Kreismitte nehmen sich oft die Teilnehmerinnen etwas von der Dekoration als Erinnerung an das Ritual für ihren Hausaltar mit nach Hause.

Bei manchen Wicca-Autoren findest du ein genaues Schema aufgezeichnet, wie alle Objekte auf dem Hausaltar aufgestellt werden sollten. Dies entspricht meiner Meinung nach nicht der Freiheit der Wicca-Religion. Auch was ich dir hier vorgestellt habe, soll nur ein Vorschlag sein, damit du einen ersten Eindruck bekommst, wie so etwas aussehen könnte.

Ritualzubehör

Welche Ausrüstung brauche ich als Hexe oder Magier für ein Ritual und woher bekomme ich sie?

Vielleicht möchtest du in einem Ritual **Symbole für die vier Elemente** verwenden und fragst dich, was du da nehmen sollst? Symbole für die vier Elemente kannst du bei jedem aufmerksamen Spaziergang finden, Steine für das Element Erde, Federn für das Element Luft, Holzstäbe für das Element Feuer, Schneckenhäuser oder Muscheln für das Element Wasser. Wenn du jetzt sagst, das gibt es bei dir nicht, dann übe, die Dinge zu sehen. Magie zu betreiben, heißt oft, zu lernen, die Welt mit anderen Augen zu sehen. Natürlich wird bei dir vor der Haustür keine **Adlerfeder** herumliegen. Aber es muss keine spektakuläre Feder sein, für den Anfang tut es genauso eine Taubenfeder. Für die meisten von uns hat Magie etwas mit Natur zu tun, sich mit den Kräften der Natur zu verbünden. Wenn du lange genug aufmerksam spazieren gegangen bist, findest du vielleicht wunderschöne Schneckenhäuser oder sogar eine Fasanenfeder. Vielleicht möchtest du auch in einem Zoo oder Wildtiergehege eine Feder kaufen. Überlege dir aber gut, ob du mit so einer Feder nicht den gequälten Geist eines Tieres anziehst, das sein Leben in Gefangenschaft verbringen musste. Vielleicht ist dir dann doch die Feder einer vergnügten freien Taube lieber.

Du hast wirklich keine Lust auf spazieren gehen? Dann geh in die Küche oder in ein gutes Haushaltswarengeschäft.

Schöne Weingläser, Sektkelche oder Eisbecher findest du hier allemal, die sich als Symbole für das Element Wasser eignen. Ebenso auch schöne Messer als Symbol für das Element Luft und als dein **Hexenmesser**, mit dem du Schutzkreise ziehst oder Kräuter erntest. Gute **Sicheln** zur Kräuterernte bekommst du in jedem Gartenhandel oder Baumarkt. Du hältst das für zu einfach, du denkst, das sei Küchenmagie? Ja, hier scheiden sich die Geister. Es gibt Menschen, die meinen, rituelle Geräte immer in speziellen Läden kaufen oder in weihevollen Ritualen erben zu müssen. Es gibt andere Menschen, die meinen, dass du den Gegenstand frei auswählen kannst und dass er zum rituellen Gerät wird dadurch, dass du ihn immer öfter dafür benutzt. Manche gehen noch weiter und sagen, rituelle Geräte müssen den Rest des Jahres nicht auf rotem Samt ruhen und verstauben. Sondern sie können weiter im Alltag als Weinglas oder Eisbecher benutzt werden, ohne dass es ihnen ihre Kraft nimmt. Du wirst selbst mit der Zeit herausfinden, welche Lebensart dir liegt.

Also, wir waren in der Küche, was kannst du da finden? Vielleicht findest du eine irdene Schale, einen Tontopf, der mit Erde gefüllt eine gute Darstellung des Elementes Erde ergibt. Du kannst auch eine Handvoll getrocknete Erbsen oder Bohnen mitnehmen und sie an deinem Ritualplatz als Verdeutlichung des Schutzkreises ausstreuen. Die Tiere des Ortes werden sich über deine Gabe freuen.

Eine weitere gute Gelegenheit, preiswerte Ritualgegenstände zu finden, ist der Flohmarkt. Hier finden sich oft sehr preiswerte wunderschöne **Kelche** aus aufgelösten Haushalten oder auch sehr schöne Tücher, mit denen du den Ritualraum schmücken kannst. Da auf dem Flohmarkt die Standmieten nicht mit einer echten Ladenmiete zu vergleichen sind, findest du hier auch manchmal schönen symbolischen Schmuck oder Steine preiswerter.

Falls du eine besondere **Münze** suchst als Symbol für das Element Erde in Anlehnung an die Tarotsymbolik, wirst du vielleicht im Urlaub fündig. So habe ich, wie ich schon sagte, in Italien noch vor Einführung des Euros eine sehr schöne Gebrauchsmünze gefunden, auf deren Rückseite die Göttin Athene abgebildet war, die mir viel bedeutet.

Du kannst natürlich wirklich in den Esoterikladen gehen. Hier findest du sicher sehr viel. Aber wenn du nicht genau weißt, was du willst, erschlägt dich das Angebot vielleicht. Was dich vielleicht außerdem erschlägt, ist die Höhe der Preise. So können **Halbedelsteine**, die im Schmuckladen 8 Euro kosten, im Esoterikladen leicht 12 Euro oder das Doppelte kosten. Deswegen würde ich Edelsteine immer eher beim Juwelier oder im Schmuckladen kaufen. Wenn du jedoch z. B. **Tarotkarten** kaufen willst, kann ein Esoterikladen sehr gut sein, da es dort eine große Auswahl gibt. Gute Läden haben auch mehrere offene Decks da, sodass du nicht nur von außen die Verpackung, sondern einige aufgeblätterte Kartenspiele einsehen kannst. Vielleicht gefällt dir sonst nur die Verpackung und hinterher keine einzige Karte aus dem Spiel. Außerdem kannst du im Esoterikladen sehen, ob es zu dem Deck auch ein akzeptables Buch gibt. Für ein Tarotdeck kannst du mit 20 bis 120 Euro rechnen. In einem Esoterikladen findest du natürlich auch eine große Auswahl an anderen klassisch esoterischen Gegenständen wie Pendel oder Bücher und PC-Programme zur Astrologie.

Bei **Meditationskassetten oder Mediations-CDs** gilt das Gleiche: Im Esoterikladen sind sie oft etwas teurer als im normalen CD-Laden, dafür habt ihr aber meist die Möglichkeit, vorher reinzuhören. Gerade bei Meditations-CDs würde ich unbedingt vorher reinhören! Sie sind meist teuer, 15 bis 18 Euro, und wenn euch dann die Musik oder die Stimme nicht gefällt, ärgert ihr euch schwarz hinterher. Auch vorher einen Blick ins booklet oder Textbuch zu werfen, kann nicht schaden, sonst werdet ihr evtl. mit einem Text vollgesülzt, der euch eher nervt, als entspannt oder in Trance versetzt.

Bei **Büchern zu magischen oder esoterischen Themen** lohnt der Preisvergleich nur dann, wenn ihr sie mit Büchern aus normalen Buchläden oder Esoterikläden mit Antiquariaten oder mit anderen gebrauchten Büchern, z. B. auf dem Flohmarkt, vergleicht. Da nicht jedes Buch jedem gleichermaßen gefällt, könnt ihr manchmal ein gebrauchtes Buch für wenige Euros erhalten, das euch toll gefällt und echt weiterbringt, das der Verkäufer aber für uninteressant hält. Besonders wichtig sind Antiquariate für Bücher, die es im normalen Buchhandel nicht mehr gibt, da sie vergriffen sind. Hier würde ich bei fast jedem Preis zuschlagen, wenn ihr das Buch sucht und wisst, dass es vergriffen ist. Bibliotheken sind auch manchmal hilfreich. Die Deutsche Bibliothek in Frankfurt am Main muss jedes Buch archivieren, das in deutscher Sprache erscheint, also auch alle Esoterika. Hier könnt ihr das Buch aber nur ansehen oder kopieren, nicht mitnehmen. Normale Stadtbibliotheken in größeren Städten haben meist auch schon eine esoterische Ecke, oft auch CDs zum Ausleihen. Leiht euch Bücher und CDs in Bibliotheken oder von Freundinnen aus, bevor ihr sie kopiert oder selbst kauft. Wenn ihr das Buch schon gelesen oder die CD angehört habt, wisst ihr auch, ob sie ihren Preis wert sind.

Räucherwerk kannst du ebenfalls nicht nur in Esoterikläden erstehen, sondern oft auch preiswerter in Tee- und

Gewürzläden. Du kannst dir auch selbst Räucherwerk machen, indem du Kräuter trocknest oder Harz von Nadelbäumen schneidest. Leider musst du dafür wieder spazieren gehen: Manchmal kann man im Wald an Nadelbäumen so eine dickere Ansammlung von Harz entdecken. Es ist sehr klebrig, daher ist es besser, du arbeitest mit Handschuhen oder einem kleinen Plastikbeutel, dann lässt sich das Harz mit einem Taschenmesser abschneiden. Das ist ein echtes Geschenk, über ein paar Kohlen zergeht es zu einem herrlich duftenden Rauch. Außerdem verbindet es dich mit den Pflanzen, die hier im Land wachsen, es ist nichts Importiertes.

Welche **Kerzen** du verwenden möchtest, solltest du ausprobieren. Wenn du durchgefärbte Kerzen haben möchtest, kannst du in einem Geschenkartikelladen mehr Glück haben als in einem Supermarkt. Dennoch hängt der Erfolg deines Rituals nicht davon ab, ob die Kerzen durchgefärbt sind. Echte Bienenwachskerzen sind eine Wohltat für die Sinne, sie riechen ganz anders und verbrennen ungiftiger. In Bioläden gibt es manchmal schonend eingefärbte Kerzen aus ökologisch verträglichen Materialien, das wird dann aber wieder teurer. Wenn du Kerzenreste sammelst, kannst du mit wenig zusätzlichem Material eigene **Ritualkerzen** gießen und in einem Ritual, z. B. an Lichtmess, weihen. Falls du draußen Kerzen anbrennen willst, brauchst du ein **Windlicht**. Probiere vorher aus, ob es echtem Wind standhält und ob es nicht zu heiß wird. Sonst stehst du im Ritual im Dunkeln oder verbrennst dir die Finger. Wenn du bei einem Ritual **Fackeln** benutzen willst, erkundige dich vorher genau nach der Sorte. Es gibt sehr schön aussehende Gartenfackeln, die sich aber nicht zum Herumtragen eignen, da sie sehr schnell heißes Wachs auf deine

Hände tropfen lassen. Echte Pechfackeln zum Tragen in der Nacht sehen weniger schön aus, sie bestehen aus einem Holzstock, um den ein Stoff gewickelt ist, der mit entflammbarer Lösung getränkt ist. Aber sie brennen auch bei leichtem Wind gut und du kannst damit durch dein Ritual schreiten, ohne dir die Hände zu versengen. Lege dir vorher einen Eimer mit Sand oder lockerer Erde zurecht, um die Fackeln zur Not ersticken zu können. Sie lassen sich nicht einfach ausblasen wie Kerzen.

Rituelle Kleidung ist natürlich ein ganz eigenes Thema. Hier sind diejenigen im Vorteil, die gut nähen können. Aber auch ein einfach geschnittener Umhang aus einem tollen Stoff kann schon Wirkung entfalten. Falls du nicht zu den Begünstigten gehörst, die nähen können, gilt hier das Gleiche wie oben bei der Küchenmagie: Jedes Kleid oder Gewand kann zum Ritualgewand werden, indem du es dazu benutzt oder veränderst. Wenn du z. B. bei Ritualen immer Kleidung in einer bestimmten Farbe trägst, kann das Anziehen von Kleidung in dieser Farbe dich schon in eine bestimmte Stimmung bringen. Du kannst auch ein T-Shirt oder einen Pulli mit Perlen benähen oder kleine Muscheln mit Loch oder Federn annähen. Oder du kannst dir über deine Alltagskleidung ein Tuch über die Schultern legen, dessen Farben oder Muster dir etwas bedeuten. Auch hier sei noch einmal gesagt, dass der Erfolg und die Stimmung deines Rituals nicht davon abhängen, welches Gewand du trägst. Manchmal erfordert es die Situation, in völlig normalen Klamotten ein Ritual durchzuführen, evtl. auch weil du im Park nicht auffallen willst wie ein bunter Hund.

Wenn du **Figuren oder Abbildungen von Göttinnen oder Göttern** suchst, die historisch schon einmal verehrt wurden, kann dir ein Gang ins Museum helfen. Das klingt jetzt vielleicht genauso langweilig wie spazieren gehen, aber es kann dir zu unerwarteten Begegnungen verhelfen. In Museen mit Plastiken der klassischen Antike kannst du Bilder und manchmal auch kleine Repliken von Göttern und Göttinnen finden. Repliken sind neuzeitliche Nachahmungen von den Museumsstücken aus dem Originalmaterial. Oft sind sie in der Originalgröße oder auch verkleinert. Für eine originalgetreue Replik aus dem Museum kannst du mit Preisen von 60 bis 300 Euro rechnen. Aber vielleicht reicht dir ja fürs Erste eine Postkarte mit einem Bild deiner Göttin. Falls die Götter und Göttinnen der klassischen Antike dir nicht so zusagen, bist du im Museum für Vor- und Frühgeschichte vielleicht besser aufgehoben. Hier findest du die berühmten Darstellungen der großen Muttergöttin, herrliche runde, füllige Frauenfiguren und kleine, runde, knubbelige Kostbarkeiten, die so gar nicht den Schönheitsidealen unserer Zeit entsprechen. Auch Abbildungen keltischer oder frühgermanischer Gottheiten kannst du eher im Museum für Vor- und Frühgeschichte erwarten. Hier kannst du auch deine Vorstellungen überprüfen, wie die Menschen in der Zeit vor der Christianisierung gelebt haben.

Abbildungen von deinem Krafttier kannst du auch manchmal auf dem Flohmarkt finden, manchmal sind auch Töpfer- und Kunsthandwerkmärkte eine wahre Fundgrube. Sowohl zu Bildern von Gottheiten wie von Krafttieren gilt: Keine Abbildung kann so kraftvoll sein wie eine selbstgemachte, nachdem du in einem Ritual Kontakt mit deinem Krafttier oder Totemtier hattest. Wenn du denkst, du kannst nicht malen oder töpfern, probiere es vielleicht mit einem Kurs. Schon in wenigen Sitzungen in einem Töpferkurs kannst du deine Technik ziemlich verbessern und genug lernen, um deinen eigenen Kraftgegenstand zu schaffen.

Noch etwas Allgemeines zu **Bestellungen**: Zur Bestellung aus einem Katalog oder aus dem Internet ist es wichtig, dass du dich in der Größe nicht verschätzt. Der Gegenstand kann real viel kleiner sein, als er dir nach der Abbildung vorkommt. Falls du etwas im Internet bestellst, ist es ganz wichtig, dass du dir deine Bestellung auch ausdruckst, dann hast du im Zweifelsfalle etwas in der Hand. Sowohl bei Katalog- wie bei Internetbestellungen ist es wichtig, schon vorher auf die Umtauschrechte zu schauen. Dann bist du vorgewarnt, was auf dich zukommt, wenn dir der ersehnte Ritualgegenstand gar nicht gefällt.

Es gibt noch eine alte magische Regel, die besagt, dass du beim Kauf von Ritualgegenständen nicht um den Preis feilschen sollst. Das gilt sicher für einmalige Gegenstände, bei denen du merkst, dass es genau das ist, wonach du immer gesucht hast. Es gibt Momente, in denen du einen Gegenstand siehst, bei dem es in dir innerlich »wow!« macht und du sofort weißt, dass es das ist, wonach du lange gesucht hast. Dann würde ich keine Minute zögern und das Objekt der Begierde kaufen, falls du es dir finanziell leisten kannst. Wenn aber in deiner Stadt zwei oder mehr Esoterikläden sind, und beide haben das Tarotkartenset, das du willst, halte ich es für berechtigt, einen Preisvergleich anzustellen. Keine magische Regel verlangt, dass du dich verschulden oder in unnötige Unkosten stürzen sollst. Vielleicht fängst du auch erst mit einem einfachen Tarot-Set an und leistest dir später das Luxusexemplar mit Goldschnitt.

Am schönsten ist es sicherlich, Ritualgegenstände geschenkt zu bekommen oder zu erben. Aber nicht jede und jeder von uns hat eine Großmutter oder einen Urgroßonkel, der Pendel, Kraftsteine oder Tarotkarten zu vererben hat. Für die Ausbildung und das geistige wie materielle Erbe in der heidnischen Tradition sind für viele von uns Lehrerinnen oder Lehrer wichtig, mit denen wir nicht verwandt sind. Eine ältere Frau, mit der ich lange Rituale zusammen gefeiert habe, hat mir ein Tarotdeck geschenkt, das Sammlerwert hat. Sie wusste, dass ich mich riesig darüber freuen und es in Ehren halten würde. Auch auf diesem Wege kann erben und schenken geschehen. Aber ihr könnt genauso eure Freunde und Freundinnen bitten, an einem Geburtstag zusammenzulegen und euch ein Tarotdeck oder ein Astrologiebuch zu schenken, das ihr euch schon lange wünscht. Für eine Freundin alleine wäre es vielleicht zu teuer, aber für alle zusammen geht es dann. Ihr könnt ruhig klar sagen, was eure magischen Wünsche sind, um sie euch zu erfüllen...

Als abschließende Worte zu Ritualgegenständen:
Es ist wichtig, dass du dir Folgendes klarmachst: Das wichtigste Ritualwerkzeug einer Hexe ist sie selbst. Eine Hexe erschafft das Ritual mit ihrem Geist, ihren Sinnen, ihrer eigenen magischen Kraft. Alle diese Ritualgegenstände sollen unserer Seele nur helfen, über die symbolische Darstellung leichter mit den gerufenen Kräften in Kontakt zu kommen. Im Gegensatz zum Christentum, Judentum und Islam dürfen und wollen wir Heiden uns ein Bild machen von den Göttern und Kräften, die wir anrufen oder anbeten. Die menschliche Seele braucht solche Bilder und symbolischen Gegenstände, aber nicht jede und jeder braucht diese Unterstützung in gleichem Maße. Manche brauchen

gar keine Gegenstände, sondern visualisieren alles nur. Manche benutzen sehr dezente, abstrakte Symbole, andere lieben den großen Aufwand. Je vertrauter du mit den Kräften wirst, mit den vier Elementen z. B. oder mit der Göttin oder mit deinem Krafttier, umso weniger bildliche Hilfe wirst du brauchen. Allerdings kann es dann immer noch sehr viel Spaß machen, einmal ein Ritual mit großem Pomp zu inszenieren. Wenn du drinnen, in geschlossenen Räumen feierst, ist oft etwas mehr symbolischer Aufwand nötig, weil du mehr Abstand zur Natur hast. Wenn du im Freien oder im Garten feierst, brauchst du meistens gar nicht soviel, da du von den Kräften der Natur direkter umgeben bist.

Räucherwerk

In den Ritualbeschreibungen liest du manchmal: »Räuchere vorher zur Reinigung!« Räuchern wird sehr häufig zur Reinigung bei Beginn eines Rituals oder bei einem Heilungsritual eingesetzt. Manche nehmen Räucherwerk aber einfach, weil sie den Duft mögen. Andere räuchern, weil es sie in eine meditative Stimmung versetzt oder weil sie damit im Ritual etwas Bestimmtes erreichen wollen. In vielen Religionen wird das Räuchern als ein Opfern sehr kostbarer Duftstoffe für den Gott oder die Göttin verstanden. Räuchern wird schon sehr lange als Wohlgerüche für die Götter, als Dank an die Götter oder als Begleitung einer Bitte oder eines Gebetes genutzt. Welche

Möglichkeiten zum Räuchern gibt es heute und was unterscheidet sie?

Zunächst gibt es **Duftkerzen**, aromatisierte Kerzen, die beim Abbrennen einen Duft verströmen, also Kerze und Räucherwerk in einem. Duftkerzen gibt es inzwischen schon in fast jedem Supermarkt in allen Farben und Formen. Sie sind aber fast immer mit synthetischen Duftstoffen hergestellt, und du kannst im Laden nicht immer abschätzen, wie die Kerze dann beim Abbrennen riechen wird. Dann gibt es **Räucherstäbchen**, die aus dem asiatischen Raum nach Europa gekommen sind. Sie werden zuerst angezündet, die Flamme wird dann aber wieder behutsam ausgeblasen, sodass eine verglimmende Spitze bleibt, von der der Rauch hochsteigt. Beim Aufstellen eines Räucherstäbchens solltest du darauf achten, wohin die Asche rieselt, also stecke es vielleicht in ein Gefäß aus Sand oder in einen Blumentopf. Es gibt aber auch spezielle Halter für Räucherstäbchen in den entsprechenden Läden. Wenn du das Räucherstäbchen nicht ganz abbrennen lassen willst, dann kannst du das Glimmen auch gut in Sand oder Erde ersticken. So lässt sich die zweite Hälfte später problemlos anzünden. Auf alle Fälle solltest du nach dem Einsatz der Räucherstäbchen gut lüften. Vor einiger Zeit geisterte durch die esoterische Presse eine Warnung, Räucherstäbchen seien krebserregend. Das mag vielleicht auf einen geplagten Tempeldiener in einem indischen Tempel zutreffen, der sich den ganzen Tag in rauchgeschwängerter Luft aufhalten muss. Aber wenn du nur hin und wieder einmal eines abbrennen lässt und danach gut lüftest, hast du sicher nichts zu befürchten.

Dann gibt es **ätherische Öle**, wobei es auch hier wieder echte und synthetische ätherische Öle gibt. Beim Kauf muss man auf die Firma und die Herkunft achten. Gute Firmen geben genau das Herkunftsland und den botanischen Namen der Pflanzen an. Sie nehmen in Kauf, dass die Öle je nach Land, Wetterlage und Ernte leicht unterschiedlich riechen und dass es in einem Jahr von einem Öl eine reiche oder magere Ernte geben kann. Der Liebhaber unterscheidet auch gerne den Duft der bulgarischen von der türkischen Rose oder den Duft der Atlaszeder von dem der Himalajazeder. Gute Firmen vergeben zur Sicherheit Chargennummern für ihre Fläschchen wie bei Medikamenten auch üblich, sodass der Weg eines jeden Fläschchens vom Hersteller bis in den Verkauf genau nachvollzogen werden kann. Synthetische Öle riechen immer recht gleich. Öle aus der Apotheke werden oft natürlich hergestellt, dann aber chemisch künstlich korrigiert, weil die Arzneibuchverordnung die genaue chemische Zusammensetzung vorschreibt. Daher kaufe ich keine ätherischen Öle in der Apotheke. Synthetische Öle sind meistens viel billiger, aber eine geübte Nase merkt den Unterschied, sie riechen oft flacher und aufdringlicher zugleich.

Der Teil in unserem Gehirn, der fürs Interpretieren und Bewerten von Gerüchen zuständig ist, ist sehr alt in der Geschichte der Menschheitsentwicklung. Er ist eng mit dem Gehirnteil fürs Gedächtnis und fürs emotionale Bewerten verbunden. Daher kommt z. B. der Ausdruck, dass wir jemanden »nicht riechen können«. Diese Verbindung von Gedächtnis- und Riechregion im Gehirn ist auch die Ursache dafür, dass wir mit manchen Gerüchen ganz intensive Erinnerungen verbinden. Es ist auch für uns Menschen fast unmöglich, sich in jemanden zu verlieben, dessen Rasierwasser oder Körpergeruch wir nicht ausstehen können. Da unser Riechhirn so alt ist in der Geschichte der Menschheit, lässt es sich ungerne von synthetischen

Duftstoffen täuschen. Die chemische Zusammensetzung von synthetischen Düften und echten ätherischen Ölen unterscheidet sich auch messbar. Es ist nicht nur ein Unterschied im Preis, und wie gesagt, geübte Nasen können es riechen.

Ätherische Öle finden auch in der Kosmetik ihre Verwendung, in Badezusätzen und Naturparfüms. Du kannst dir selbst damit ein Duftbad machen, dafür musst du das ätherische Öl allerdings mit einem Emulgator verbinden, damit es sich besser im Wasser verteilt. Dazu kannst du zwei Esslöffel Honig oder Sahne, zwei Hand voll Salz oder ein fertiges, aber unparfümiertes Duschgel nehmen.

Im Ritual werden manchmal reinigende Bäder eingesetzt, ein Bad in Salzwasser gilt in der Magie als besonders reinigend, es ist auch für viele Hauttypen eine echte Wohltat. Wenn du ätherische Öle zum Räuchern nehmen willst, brauchst du eine **Aromalampe**. Die gibt es auch schon in vielen Läden und vielen Preisklassen und Materialien. Das Prinzip ist immer das Gleiche: Es wird ein Teelicht oder eine andere Wärmequelle (es gibt auch schon elektrische Aromalampen!) zum Erwärmen genommen, darüber ist in einem ausreichenden Abstand eine Schale für eine Mischung aus Wasser und dem Öl. Wenn du so eine Lampe kaufst, solltest du darauf achten, dass der Abstand von der Kerze zur Schale mindestens 8, besser 10 oder 12 cm beträgt. Sonst wird das Wasser zu schnell warm und die ätherischen Öle verdampfen nicht langsam und schonend, sondern werden einfach verkocht und zerstört. Beim Betrieb solltest du darauf achten, dass du immer genug Wasser auffüllst und immer zuerst das Wasser in die Schale gibst, dann erst das Öl. Sonst setzt sich das Öl am Boden fest, statt obenauf zu schwimmen.

Durch die Wärme der Kerze verdunstet und verteilt sich das ätherische Öl nach und nach frei im Raum und aromatisiert den Raum. Nimm am Anfang nicht gleich zu viele Tropfen von dem Öl, für ein Zimmer von 12-25 qm können je nach Ölsorte schon 3-4 Tropfen ausreichen.

Außer ätherischen Ölen in der Duftlampe, Räucherstäbchen und Duftkerzen gibt es noch eine vierte Tradition des Räucherns, die wohl die älteste ist, aber etwas mehr Vorbereitung braucht: das vorsichtige **Verräuchern von getrockneten Kräutern oder Harzen auf einer glühenden Kohle**, wie die spirituelle Reinigung durch den Rauch von Salbeiblättern bei den Indianern. Dazu benötigt man eine feuerfeste Räucherschale, z. B. aus Ton oder Messing, in die etwas Sand gefüllt wird. Sicherheitshalber kannst du noch einen Korkuntersetzer drunter legen. Über die Schale wird ein feuerfestes Gitter gelegt, auf dem die Räucherkohle und die Kräuter liegen. So habe ich letzten Herbst meinen Lavendelstrauch zurückgeschnitten und die Äste getrocknet. Die zerriebenen Blätter ergeben einen feinen, zart süßen Duft, es war ein echtes Erlebnis. Auch das funktioniert am besten bei Kräutern und Pflanzen, die ätherische Öle enthalten und ist wohl eine eher spirituelle Anwendung. (Manche nutzen den Effekt aber auch beim Grillen, geben Rosmarin- oder Wacholderzweige in die Kohle, um das Fleisch zart zu aromatisieren.) Räucherschalen geben dir die Möglichkeit, mit einheimischen Pflanzen aus Garten, Wald und Feld zu experimentieren. Auch manches Küchengewürz (Lorbeer, Thymian) kann eine interessante Wirkung entfalten. Der traditionelle Weihrauch ist eine Mischung aus Harzen verschiedener Nadelbäume und Sträucher.

Was sind nun die Unterschiede in der Anwendung von Räucherstäbchen, Kräuterräucherung, Duftkerzen und Aromalampen? Das kommt mal wieder ganz drauf an... Was die spirituelle Wirkung der Düfte angeht, ist sie zumindest sehr ähnlich. Duft und Kerze zu trennen gibt dir die Möglichkeit, im ganzen Ritual eine Kerze brennen zu lassen, aber den Duft nur dort oder nur so stark einzusetzen, wie du es brauchst. Falls du mit einer Duftkerze arbeitest, lege dir auf alle Fälle eine Reservekerze zurecht, die du anzünden kannst, wenn dir der Duft zu viel werden sollte. Ein weiteres Problem von Duftkerzen ist, dass sich scheinbar fast alle Hersteller eine gleiche Kombination von bestimmten Farben mit bestimmten Düften in den Kopf gesetzt haben. Grüne Kerzen riechen fast immer nach Apfel, schwarze Kerzen werden mit einem seltsam-süßlichen »Opium«-Duft aromatisiert. Was aber machst du, wenn du z. B. für ein Halloween-Ritual schwarze Kerzen willst, aber diesen Duft nicht magst? Dann bleibt dir nichts anderes übrig, als Duft und Kerze zu trennen, also duftneutrale, schwarze Kerzen zu kaufen und mit etwas anderem zu räuchern.

Der Vorteil von Räucherstäbchen oder Rauchschalen mit Kohletabletten im Ritual ist, dass sie sichtbaren Rauch erzeugen, mit dem man etwas »ausräuchern« oder sogar Figuren in den Raum malen kann. Zur Reinigung des Raumes, in dem das Ritual stattfinden soll, wird manchmal mit dem Räucherstäbchen in jeder Zimmerecke ein Pentagramm gezogen. Den Geruch von ätherischen Ölen kannst du optisch nicht so wirkungsvoll als Rauch einsetzen. Die Duftqualität ist Geschmackssache. Der Duft guter, echter ätherischer Öle ist viel reiner als der von Räucherstäbchen, aber auch teurer. Alle Räucherstäbchen riechen etwas ähnlich nach dem Grundstoff, mit dem sie verbrennen. Ein weiterer Nachteil von Räucherstäbchen ist, dass sie meistens mit synthetischen Duftstoffen gemacht sind. Das merkt man auch daran, dass du nach dem Räuchern mit Räucherstäbchen viel länger lüften musst, bis der Geruch wieder aus dem Zimmer verflogen ist. Echte ätherische Öle verfliegen schneller. Es gibt Räucherstäbchen und Duftkerzen auch in Duftnoten, die es als ätherische Öle gar nicht gibt, wie z.B. »Maiglöckchen«, das ist immer synthetisch hergestellt. Wenn du so einen Duft magst, kannst du ihn nicht als ätherisches Öl kaufen.

Von der spirituellen Wirkung her können ätherische Öle und Räucherstäbchen ähnlich sein, auch von der psychologischen Wirkung her sind sie noch recht ähnlich. Aber schon die psychologische Wirkung lässt sich am besten mit echten, reinen Düften aus ätherischen Ölen erreichen, so z. B. die entspannende Wirkung von Lavendel oder Melisse oder die konzentrationsfördernde Wirkung von Zitrone oder Rosmarin. (Habe ich oft in der Aromalampe, wenn ich lernen muss!)

Ätherische Öle werden aber auch teilweise als Medikamente eingesetzt, genauso wie Kräutertees. Sei es als Medikament bei eher psychosomatischen Störungen wie einer leichten Depression oder Lustlosigkeit, oder als Medikament bei körperlichen Krankheiten, wie Fenchelöl bei Blähungen oder Muskatellersalbei bei sehr starken Menstruationskrämpfen. Diese Anwendung muss gelernt sein und sehr sparsam dosiert werden. Ätherische Öle sind hochkonzentrierte Stoffe, von denen überhaupt nur einige Sorten innerlich eingenommen werden und die wenigsten unverdünnt auf die Haut aufgetragen werden dürfen. Eine Ausnahme ist z. B. Lavendelöl, das bei

Insektenstichen direkt auf die Haut aufgetupft werden kann. Für Massageöle werden alle ätherischen Öle in fetten Basisölen verdünnt wie Mandelöl, Jojobaöl oder Sesamöl. Dazu kommen maximal 20 Tropfen ätherischer Öle auf 100 ml Basisöl. So eine aromatisierte Massageölmischung kann auch in Ritualen zur Salbung bei einem Weiheritual eingesetzt werden. Alle medizinischen Anwendungen sind mit Räucherstäbchen natürlich nicht möglich. Bei Kräutern werden medizinische Anwendungen eher in Form von Tees verwirklicht. Welche Öl- oder Duftsorten eignen sich nun für welche Anwendung im Ritual?

Es gibt ätherische Öle, die traditionell oft bei Reinigungsritualen angewendet werden, dazu gehören Lavendelöl, Myrrhe oder das Öl des Eisenkrautes. Einigen Düften wird nachgesagt, dass sie uns etwas öffnen für die *Anderswelt*, dazu gehören Olibanum (ein Bestandteil von Weihrauch) oder auch Sandelholz. Andere Düfte, die die meisten Menschen als sinnlich empfinden, werden gerne bei Ritualen für die Liebesgöttin eingesetzt, auch dazu zählt Sandelholz, aber auch Patchouli, Ylang-Ylang, Muskatellersalbei, Rose natürlich und viele andere mehr. Aber Achtung, die Geschmäcker gehen hier sehr auseinander, was den einen echt kirre macht, stinkt den anderen total an!

Eine weitere wichtige Anwendung von Düften in der Ritualarbeit sollte hier auch erwähnt werden. Es kommt manchmal vor, dass wir nach einem Schock, nach einer Trance, nach einem langen anstrengenden Ritual oder in einer Stressphase Schwierigkeiten haben, wieder auf den Boden der Realität zu gelangen. Manchmal ist man nach einer langen Meditation noch lange wie taumelig und bleibt unfreiwillig in einer Art Halbtrance. Das kann anfangs noch ganz angenehm sein, ist aber auf Dauer kein angenehmer Zustand. Wenn etwas essen, körperliche Bewegung und frische Luft nicht ausreichen, können auch hier ätherische Öle helfen. In dieser Verfassung bist du nämlich weder verkehrstüchtig noch deinem normalen Alltag voll gewachsen. Als eher »weckend« gelten einige Zitrusdüfte wie Zitrone, Limette, Bergamotte und Lemongras; als die klaren Alltagssinne schärfend gelten z. B. Rosmarin und Wacholder. Unübertroffen tröstlich und stärkend sind aber einige Nadelhölzer wie Zeder, Tanne oder Fichte. Sie geben in so einer Situation Kraft, Klarheit und Stärke, halten dich in der Alltagsrealität und können dir wieder festen Boden unter den Füßen geben. In Situationen, in denen du merkst, dass du unfreiwillig in Trance absinkst, kann Zedernöl sehr stärkend und eine echte Orientierungshilfe sein, es erdet dich auf ganz sanfte und doch feste Art. Genauso wichtig, wie im Ritual in eine besondere Stimmung zu kommen, ist es, nach dem Ritual oder der Trance wieder in eine alltagstaugliche Verfassung zurückzufinden. Kein Ritualkreis sollte auseinander gehen, bevor nicht alle Mitglieder wieder in einer alltagstauglichen Verfassung sind, sodass sie gut den Heimweg antreten können. Dazu dient oft das gesellige Essen und Feiern am Ende des Rituals, aber auch ätherische Öle können dafür unterstützend eingesetzt werden.

Die folgende Tabelle zeigt dir verschiedene ätherische Öle mit ihrer Anwendung im Ritual noch einmal in einer Übersicht. Dabei gibt es Öle, die zu mehreren Zwecken eingesetzt werden können.

Rituelle Anwendung	Ätherische Öle
Reinigungsrituale	Lavendel, Myrrhe, Eisenkraut
spirituelle Öffnung zur Meditation	Weihrauch, Sandelholz
Liebesrituale, Fruchtbarkeits- und Sinnlichkeitsfeste	Sandelholz, Patchouli, Ylang-Ylang, Muskatellersalbei, Rose, Jasmin
Freundschaftsrituale	Orange, Mandarine
weckend nach einer Trance oder konzentrationsfördernd	Zitrone, Bergamotte, Lemongras, Limette, Rosmarin, Wacholder, Pfefferminze
zur Erdung	Zeder, Tanne, Vetiver
unterstützend zur Visionssuche	Muskatellersalbei, Muskat, Weihrauch

Was tun, wenn in einer Ritualbeschreibung oder in einem Weihöl ein Duft verwendet werden soll, den du nicht magst? Ganz einfache Antwort: Dann lass ihn weg, ersetze ihn durch einen anderen Duft, den du magst. Wenn du dich mit Düften etwas auskennst, kannst du leicht einen anderen Duft aus der gleichen Duftfamilie nehmen, den du eher magst. Duftfamilien sind die Zitrusdüfte, die Nadelhölzer, die holzig-harzigen Düfte, die Süßholzgräser, die Blütendüfte usw. Manchmal mag man aber auch eine ganze Duftfamilie nicht. Das hat seinen Sinn, oft tut dir dann nämlich auch die psychologische Wirkung nicht gut. Oder der Grund liegt in deinen Duftgewohnheiten, die aber sehr emotional sind und sich nicht so einfach ändern lassen. Zwinge dich auf keinen Fall, zu einem Ritual einen Duft zu nehmen, den du nicht magst. Du kommst bestimmt nicht in eine meditative Verfassung, wenn dir von dem Zeug halb übel wird oder du Kopfweh bekommst. Wenn ihr ein Ritual gemeinsam mit Freundinnen feiert und eine einen Duft vorbereitet hat, den eine andere oder ein anderer im Kreis nicht mag, dann nehmt aufeinander Rücksicht. Setzt den Duft nur sparsam ein, lüftet bald wieder. Auch hier gilt: Weniger ist mehr! Im Übrigen müssen sehr viele Pflanzen ihr Leben lassen für die wenigen Tropfen Duftöl, sodass auch aus Achtung vor den Pflanzen ein sparsamer Gebrauch geboten ist.

Übungsfragen:

1. Welches Räucherwerk hast du bis jetzt benutzt?
2. Welche Düfte kanntest du schon?
3. Was ist Dein Lieblingsduft? Zu welchem Ritual würde er passen?
4. Kannst du Pflanzen bei euch im Garten oder im Park erkennen, die sich zum Räuchern eignen würden?

Visualisieren

In Anleitungen für Rituale steht manchmal: »Visualisiere einen Schutzkreis!« oder auch »Visualisiere ein Pentagramm«.

Was ist Visualisieren? Wie funktioniert es? Warum wird es in der rituellen Magie eingesetzt? Kann man es üben oder muss jede es auf Anhieb können?

Visualisierung ist eine Technik, die es unserer Seele ermöglichen soll, unsichtbare Kräfte für unsere normalen Sinne sichtbar und erfahrbar zu machen. Dadurch, dass diese Kräfte dann vorstellbarer werden, können sie im Ritual auch bewusster gelenkt werden. Für die meisten Menschen ist es leichter zu visualisieren, wenn sie die Augen schließen. Das innere Dunkel, das dadurch entsteht, ist eine gute innere Leinwand, auf die du dann deine visuelle Vorstellung werfen kannst. Bei sehr geübten Menschen oder Menschen mit starker Begabung für das Visualisieren ist es auch möglich, diese Technik mit offenen Augen anzuwenden. Visualisieren ist ein aktives Sehen mit dem inneren Auge. Du versuchst dabei, vor deinem inneren geistigen Auge ein bestimmtes Bild aufzubauen. Das ist so ähnlich, wie wenn du nachts im Traum Dinge siehst, obwohl deine Augen geschlossen sind. Visualisieren trainiert die Fähigkeit, andere Dinge zu sehen als die Dinge, die wir sonst mit unserem äußeren Auge wahrnehmen. Die aktive, bewusste Anwendung der Visualisierung geht davon aus, dass wir uns beim Sehen mit dem inneren Auge nicht einfach bloße Phantasiewelten vorstellen, sondern dass wir unserer Seele damit ermöglichen, sich auszudrücken. Wir können so andere Erfahrungen machen, als wenn wir wach mit offenen Augen durch unseren Alltag gehen.

Was kann nun alles visualisiert werden? Es können in der inneren Vorstellung Räume, Personen, Tiere, abstrakte Symbole oder auch abstrakte Energien mit der Visualisation sichtbar und erfahrbar gemacht werden. Dazu jetzt einige Beispiele:

1. Übung: Räume visualisieren

Lies erst diese Übung durch und versuche dann, sie auszuführen:

Probiere es einmal mit einem sehr vertrauten Bild: Schließe die Augen und versuche, dir mit deinem inneren Auge dein Klassenzimmer so deutlich wie möglich vorzustellen. Du wirst sehen, das gelingt dir wahrscheinlich recht einfach, da es ein vertrautes Bild ist, das in deinem visuellen Gedächtnis sehr gut gespeichert ist. Verabschiede dich wieder von diesem Bild und öffne die Augen.

In Ritualen werden oft außer den vertrauten Räumen auch andere Räume visualisiert, z. B. Räume aus der Natur, wie ein Wald oder eine Blumenwiese oder märchenhafte Szenerien wie ein Land jenseits des Regenbogens oder eine unterirdische Höhle mit Drachen und Schätzen.

2. Übung: Personen visualisieren

Du kannst Visualisierung auch nutzen, um im Ritual Kontakt zu einer bestimmten Person aufzunehmen. Lies erst diese Übung durch und versuche dann, sie auszuführen.

Schließe wieder die Augen und versuche, dir deine beste Freundin möglichst deutlich vor deinem geistigen Auge vorzustellen. Wenn das Bild klar und sicher vor dir steht, richte ihr einen Gruß aus und verabschiede dich wieder von dem Bild, dann öffne die Augen.

Auch diese Übung fällt den meisten Menschen recht leicht, da die Bilder von Gesichtern wichtiger Menschen sehr tief in unserem visuellen Gedächtnis gespeichert sind.

Erwarte aber nicht unbedingt, dass deine Freundin diesen Gruß auch bewusst wahrnimmt. Vielleicht ist sie gerade mit völlig anderen Dingen beschäftigt, vielleicht kommt ihr in dem Moment einfach ein Gedanke an dich, ohne dass sie es besonders unnormal findet, da sie ja auch sonst oft an dich denkt.

3. Übung: Tiere visualisieren

Du kannst Visualisierung im Ritual nutzen, um Kontakt zu einer Tierenergie aufzubauen. Dabei wird oft mit überlieferten, im Ritual erprobten Eigenschaften der Tiere gearbeitet, die sich teilweise noch in Sprichwörtern niederschlagen wie der schlaue Fuchs, flink wie ein Wiesel usw. Lies erst diese Übung durch und versuche dann, sie auszuführen.

Überlege dir, welches Tier du besonders magst und was du an ihm magst. Es kann dein Haustier sein oder ein Tier aus einem Buch oder aus dem Zoo oder eines, das du im Fernsehen gesehen hast.

Schließe die Augen und versuche, dir vor deinem inneren geistigen Auge dieses Tier so deutlich wie möglich vorzustellen. Sprich in Gedanken mit diesem Tier, sage ihm z. B. großer Bär, ich mag dich so, weil du so groß und stark bist. Lausche mit deinem inneren Ohr und sieh mit deinem inneren Auge, was der Bär macht. Dann bedanke dich für die Begegnung und verabschiede dich von dem Bild und öffne die Augen.

4. Übung: Abstrakte Symbole visualisieren

Du kannst Visualisierung im Ritual aber auch nutzen, um zunächst für dich ungewohnte Bilder aufzubauen. Dabei hat jede und jeder sein bzw. ihr eigenes Tempo. Also verzweifle nicht, wenn es bei dir etwas länger dauert, bis sich im Ritual das eine oder andere innere Bild aufgebaut hat. Eine erfahrene Ritualpriesterin spricht die Anleitungstexte zum Visualisieren für den Ritualkreis meistens bewusst langsamer, als sie selbst zum Aufbau der Bilder braucht, damit alle mitkommen.

Eine erste einfache Übung zum Ausprobieren dieser Anwendung ist folgende.

Lies erst diese Übung durch und versuche dann, sie auszuführen.

Schließe deine Augen. Versuche, dir vor deinem inneren Auge möglichst deutlich einen roten Kreis vorzustellen. Wenn er rot, rund und leuchtend vor dir auf dem Boden liegt, verabschiede dich wieder von dem Bild und öffne die Augen.

Wenn du diese Übung gut kannst, kannst du es mit anderen geometrischen Symbolen versuchen, z. B. mit einem blauen Quadrat oder einem gelben Dreieck. Versuche es dann mit komplizierteren magischen Symbolen, wie einer liegenden Acht oder einem Pentagramm.

5. Übung: Schutzkreis aus weißem Licht visualisieren

Die Fähigkeit, Symbole zu visualisieren, wird im Ritual angewendet, um sich vor Beginn des Rituals bewusst gegen Störungen von außen abzugrenzen. Die Visualisierung eines Schutzkreises soll der eigenen Seele klar machen, dass jetzt mit dem Ritual hier ein besonderer Raum geschaffen wird. Das Ritual innerhalb des Schutzkreises soll ein Raum sein, in dem wir uns von den Fesseln unseres Alltagsdenkens lösen und der Seele erlauben, andere Erfahrungen zu machen.

Dazu wird am Beginn eines jeden größeren Rituals um die das Ritual ausführenden Personen ein Schutzkreis visualisiert. Wenn du alleine ein Ritual feierst, ist das besonders wichtig, da dich die Mitwirkung anderer Personen dann nicht schützt und unterstützt und du so besonders anfällig für Störungen von innen und von außen bist.

Wenn du alleine ein Ritual feierst, sprichst du sozusagen gleichzeitig den Text und visualisierst den Kreis um dich herum in der Form, wie du ihn ziehen willst. Wenn du in einer Gruppe feierst, spricht eine Person aus dem Kreis laut die Anleitung zum Visualisieren und alle bauen gleichzeitig diese inneren Bilder in sich auf. Das ist meistens ein feierliches Gefühl, wenn sich mehrere Menschen gemeinsam so ein inneres Bild vorstellen und es schafft eine starke wirksame Vorstellung. Dabei ist es für eine Anfängerin meistens auch leichter, Teil eines Kreises zu sein.

Auf alle Fälle legst du vor dem Ritual einen »Fahrplan« für das Ritual fest oder folgst einem beschriebenen »Fahrplan«, also einer Anleitung für ein Ritual. Entweder steht in der Anleitung nur abstrakt drin, visualisiere einen Schutzkreis, dann musst du selbst vorher genau festlegen, wie du das machen willst, also z. B. einen Kreis visualisieren in leuchtend weißem Licht oder in orangenem oder rotem Licht. Oder die Anweisung gibt auch das vor.

Lies erst diese Übung durch und versuche dann, sie auszuführen:

Du schließt die Augen und beginnst zunächst, einen hellen weißen Lichtpunkt hinter dir als innere Vorstellung aufzubauen. Dann lässt du aus diesem Lichtpunkt wie aus einem Wollknäuel in deiner inneren Vorstellung einen Faden oder eine Schlange aus Licht wachsen. Mit diesem Faden ziehst du dann einen Kreis einmal um dich herum, sodass du und dein Altar oder deine rituellen Hilfsmittel innerhalb dieses Kreises stehen. Wichtig ist, dass du die Lichtschlange hinter deinen Füßen wieder fest zum Ausgangspunkt zurückführst und hinter dir verschließt, bis du in deiner inneren Vorstellung dich selbst inmitten eines geschlossenen, leuchtenden Kreises stehen siehst.

Du kannst die Augen dann wieder öffnen und mit deinem Ritual fortfahren.

Du solltest dir klar machen, dass außer dir wahrscheinlich niemand sonst dieses innere Bild sieht, es sei denn, eine Person hat sehr starke übersinnliche Kräfte. Es wird auch niemand tot umfallen, wenn er ungebeten in deinen Schutzkreis tritt. Die Vorstellung des Schutzkreises soll in erster Linie dir helfen, dich besser auf das Ritual zu konzentrieren, und dir klar zu machen, auf was du dich einlassen willst und auf was nicht. Der Schutzkreis kann dir helfen, entschiedener aufzutreten, falls eine Störung auftritt, und er ist ein Signal an die Wesen und Kräfte der *Anderswelt,* dass hier ein besonderer Raum entsteht, in dem die alltägliche Wirklichkeits- und Wahrnehmungsebene verlassen werden kann.

Alle Ritualtechniken, Trance- oder auch die Traumdeutungstechniken haben die Aufgabe, unsere Sinne anzuregen und immer weiter zu schärfen, damit wir über unsere geschulten und geschärften Sinne hinaus zu einer übersinnlichen Wahrnehmung kommen können.

6. Übung: Erdung

Visualisierung wird im Ritual auch genutzt, um bewusst Kontakt zur Erdenergie herzustellen. Das kann dich im Ritual vor geistiger Entwurzelung schützen. Die Erdenergie soll dir helfen, trotz deiner Erfahrungen im Ritual deinen Realitätssinn nur zurückzustellen, aber ihn nicht völlig zu verlieren, damit du nach dem Ritual wieder gut in die alltägliche Realität zurückkehren kannst.

Lies erst diese Übung durch und versuche dann, sie auszuführen:

Schließe deine Augen. Spüre bewusst in deine Füße hinein. Versuche dir dann vorzustellen, wie du ein Baum wirst, wie von deinen Füßen Wurzeln in die Erde wachsen, die sich immer tiefer ins Erdreich bohren und aus der

Erde Kraft, Wasser und Nahrung ziehen können. Wenn du das Bild gut aufgebaut hast, bedanke dich bei der Erde für ihre Nahrung und Kraft und verabschiede dich von dem Bild und öffne die Augen.

Wenn es dir leicht fiel, diese Vorstellung intensiv aufzubauen, wirst du merken, dass du auch danach ein bisschen wie fest gewurzelt auf dem Boden stehst. Vielleicht bist du für einen ganz kurzen Moment unsicher geworden, ob du jetzt wirklich die Füße heben und weggehen kannst. Spüre dem Gefühl einen Moment lang nach, denn dann hast du zum ersten Mal erfahren, wie wirksam diese Technik ist. Dann schüttele die Füße, mach dir klar, dass du kein Baum bist und weggehen kannst. Falls dir die Übung schwer fiel, mache sie das nächste Mal im Freien, während du neben einem konkreten Baum stehst. Stell dir vor, dass der Baum dir seine Wurzeln leiht, dann geht es evtl. leichter. Bedanke dich dann hinterher bei dem Baum für seine Hilfe.

7. Übung: Die vier Elemente symbolisch visualisieren

Visualisierung kann im Ritual die Anrufung der vier Elemente unterstützen, indem bei der Anrufung die vier magischen Werkzeuge oder andere Symbole für die vier Elemente visualisiert werden. Das ist besonders dann hilfreich, wenn du spontan irgendwo ein Ritual durchführst, wo du keine anderen konkreten Symbole zur Hand hast oder wo du nicht dadurch Aufsehen erregen willst, indem du z. B. Schwert, Kelch, Stock und Münzen mit dir herumschleppst.

Vor Anrufung der vier Elemente solltest du erst einen Schutzkreis gebildet haben.

Lies vorher diese Übung durch und versuche, sie auszuführen:

Schließe deine Augen. Drehe dich nach Osten. Dann versuche, dir eine Feder oder ein Schwert bildlich vorzustellen. Rufe dabei innerlich: Ich rufe das Element Luft aus dem Osten! Wenn die Vorstellung sicher vor deinem geistigen Auge steht, gehe zum nächsten Element.

Drehe dich jetzt nach Süden. Dann versuche, dir eine Flamme oder einen Holzstock bildlich vorzustellen. Rufe dabei innerlich: Ich rufe das Element Feuer aus dem Süden! Wenn die Vorstellung sicher vor deinem geistigen Auge steht, gehe zum nächsten Element.

Drehe dich dann nach Westen. Versuche, dir einen Kelch mit Wasser bildlich vorzustellen. Rufe dabei innerlich: Ich rufe das Element Wasser aus dem Westen! Wenn die Vorstellung sicher vor deinem geistigen Auge steht, gehe zum nächsten Element.

Drehe dich nach Norden. Versuche, dir einige Münzen oder eine Schale mit Erde bildlich vorzustellen. Rufe dabei innerlich: Ich rufe das Element Erde aus dem Norden! Wenn die Vorstellung sicher vor deinem geistigen Auge steht, öffne die Augen und setze dein Ritual fort.

Spüre nach, wie du dich in diesem Kreis mit den vier Elementen fühlst, welchem Element fühlst du dich besonders nahe, welches ist dir fremd, welches konntest du dir gut vorstellen, welches war nur schwach vorstellbar... Nur wenige Menschen haben zu allen vier Elementen gleich gut eine spontane Beziehung. Die meisten von uns bevorzugen bestimmte Elemente. Deswegen teilt man sich auch oft im Ritualkreis die Anrufung.

Hier ist es wieder wichtig, am Ende des Rituals die vier Elemente zu verabschieden und den Schutzkreis aufzulösen.

8. Übung: Einen Energiekreis visualisieren

Im Ritual wird die Visualisierung außerdem genutzt, wenn mehrere Personen ein Ritual gemeinsam feiern und sich klar machen wollen, dass sie sich jetzt bewusst zu einem Ritualkreis verbinden. Die Vorstellung des Energiekreises hilft den Ritualteilnehmerinnen, ihre Kräfte und Fähigkeiten zu einem gemeinsamen Erleben und Feiern des Rituals zu verbinden. Dabei spricht die Person, die für dieses Ritual die Regie hat oder für diesen Teil des Rituals die Regie hat, langsam einen Anleitungstext. Auch hier versuchen alle Personen, die gleiche innere Vorstellung aufzubauen und mit ihren inneren Bildern und Gefühlen zu unterstützen. Meistens lassen sich die Ritualteilnehmerinnen dabei von einer kosmischen Energiequelle unterstützen, die sie mit ihrer persönlichen Energie mischen. Die jeweils »angezapfte« kosmische Energiequelle hängt vom Thema und Anlass des Rituals ab, es kann z. B. Erdenergie, Sonnenenergie, Mondenergie oder Himmelsenergie sein. Diese Verbindung von kosmischer Energie und persönlicher Energie der Teilnehmerinnen hilft auch der Ritualpriesterin, die die Vorstellungen meistens als Erste aufbauen muss, und allen Personen im Kreis, die an dem Tag ein schwächeres Energieniveau haben. Der gemeinsame Kreis stützt auch diejenigen, die noch weniger Erfahrung im Ritual oder die zu der angerufenen Energie keinen so guten Bezug haben.

Diese Übung könnt ihr nur zu mehreren machen, ihr müsst also mindestens zu zweit sein, besser zu dritt oder zu viert. Wenn irgend möglich, sollte die Person, die den Text spricht, schon soviel Ritualerfahrung haben, dass sie den Überblick nicht verliert und einen solchen Text schon ein paar Mal gesprochen hat und daher frei sprechen kann. Es ist etwas mühsam, ihn gleichzeitig abzulesen, da die

Ritualpriesterin ja selbst auch diese visuellen Vorstellungen aufbauen muss und sich auf die Erfahrung dabei konzentriert. Aber es ist immer so, dass diejenige, die die Regie hat, sich nicht so voll in die Erfahrung fallen lassen kann, da sie den roten Faden des Rituals immer im Kopf behält. Die Ritualpriesterin muss auch bei Störungen von außen oder innen noch voll handlungsfähig zur Vermittlung bleiben.

Lies dir die folgende Übung einfach mal durch, auch wenn du sie nicht alleine oder auch nicht bald umsetzen kannst, damit du zunächst einen Eindruck davon erhältst, wie so etwas ablaufen kann. Auch hier wird vorher üblicherweise zuerst ein Schutzkreis visualisiert, dann folgt der Energiekreis, dabei fassen sich alle an den Händen. Das Beispiel ist ein Energiekreis, der wieder mit Erdenergie arbeitet. Die Ritualpriesterin könnte dann so einen Text sprechen:

»Schließt eure Augen. Spürt bewusst in eure Füße hinein. Versucht euch vorzustellen, wie von euren Füßen Wurzeln in die Erde wachsen, die sich immer tiefer ins Erdreich bohren und aus der Erde Kraft, Wasser und Nahrung ziehen können. Unter der Erde und den Wasseradern ist tief im Herzen unseres Planeten eine warme, rote Energie. Wenn ihr das Bild gut aufgebaut habt, stellt euch vor, wie diese warme rote Energie in euren Wurzeln zu euch hochsteigt und über eure Füße in euch eintritt. Spürt, wie eure Füße warm und rot werden. Stellt euch vor, wie ihr immer mehr Erdenergie hochzieht, bis die Energie zu euren Knien hochsteigt. Eure Knie werden warm und rot. Stellt euch vor, wie die Energie immer weiter eure Beine hochsteigt und über eure Oberschenkel euer Becken erreicht. Spürt, wie euer Becken ein roter Kessel ist. In eurem Becken mischt sich die Energie mit eurer Lebensenergie, die in eurem Becken wohnt.

Spürt einen Feuerball von Energie in eurem Becken, der eine Mischung aus der Energie der Mutter Erde und eurer eigenen Lebensenergie ist. Lasst die Energie euren Bauch hochsteigen und über eure Brust und eure Schultern über den linken Arm in den Kreis fließen. Stellt euch vor, wie die rote Energie links von euch in den Kreis fließt. Stellt euch vor, dass ihr in der rechten Hand offen werdet für die Energie eurer Nachbarin bzw. eures Nachbarn im Kreis. Spürt, wie euch von rechts rote Energie entgegenkommt. Lasst die Energie der anderen durch euch hindurchfließen und gebt sie auch nach links in den Kreis weiter.

Dann spürt, wie die Energie aller Menschen im Kreis durch euch hindurchfließt, sich mit eurer Energie mischt und von euch weitergeleitet wird. Wenn ihr könnt, stellt euch unsere Hände mit einem roten Energiefluss vor.

Wir sind nun zu einem Ritualkreis verbunden. Diese Verbindung bleibt bestehen, bis wir sie wieder bewusst auflösen, auch wenn wir jetzt die Hände lösen und die Augen öffnen.«

Dann können die vier Elemente gerufen werden und das Ritual kann beginnen.

Vielleicht kannst du dir jetzt auch vorstellen, dass man sich im Energiekreis emotional sehr nahe kommt und dass es deswegen wichtig ist, gut zu prüfen, mit wem du Rituale feiern willst.

Das Auflösen eines Energiekreises erfolgt umgekehrt:

Alle visualisieren, wie sie die Energie wieder in sich zurücknehmen und wieder an die Erde abgeben. Oft folgt ein kurzer wilder Tanz, um die Anspannung zu lösen. Die Auflösung kann aber auch durch ein traditionelles Lied unterstützt werden wie das folgende:

May the Circle be open, but unbroken,
may the peace of the Goddess be ever in your heart,
merry meet, and merry part and merry meet again.

Weitere Einsatzmöglichkeiten der Visualisierung

Außer im Ritual können Visualisierungstechniken im Alltag auch zu einigen anderen Zwecken genutzt werden. So kann es helfen, einen Schutzkreis zu visualisieren in einer Streit- oder Kampfsituation. Ein Schutzkreis kann dir helfen, dich dann auch verbal oder körperlich besser abzugrenzen oder zu verteidigen. Visualisierung wird außerdem bei einigen Meditations- und Trancetechniken angewendet, z. B. bei einer geführten Meditation. Für sehr Fortgeschrittene gibt es auch Anwendungen in der Heilkunst, dann wird die Kraft des inneren Sehens auf die Wahrnehmung von Körperorganen und Körperfunktionen angewendet.

Welche Probleme können beim Visualisieren auftreten?

Es geht zu langsam und du meinst, es dauert sehr lange, bis sich die inneren Bilder bei dir aufbauen, anderen im Kreis scheint es schneller zu gelingen. Du kannst dir meistens sicher sein, dass du nicht die oder der Einzige bist, der oder dem es so geht. Wichtig ist, dass du beim oder im Ritual die anderen benachrichtigst, dass du mehr Zeit brauchst. Bitte die Sprecherin, den Begleittext langsamer zu sprechen, habe mit dir selbst Geduld. Je öfter du visualisierst, umso schneller und besser wird es dir auch gelingen, selbst innere Bilder aufzubauen und zu lenken.

Grundsätzlich gelingt es dir gut zu visualisieren, aber bei einer bestimmten Übung will sich einfach kein dazu passendes inneres Bild aufbauen. Das ist meistens ein

Zeichen dafür, dass du gegen diese Übung einen inneren Widerstand hast. Nimm solche Alarmzeichen deiner Seele ernst, zwinge dich zu nichts, lass die Übung vielleicht besser aus oder lass dir Zeit, herauszufinden, was an der Übung vielleicht bedrohlich oder nicht gut für dich ist. Höre auf deine Gefühle, ein guter Ritualkreis wird auf dich Rücksicht nehmen.

Es kommen einfach keine Bilder, auch wenn du es schon öfter probiert und länger geübt hast: Dies ist kein grundsätzliches Problem, das dich ganz davon abhalten sollte, an Ritualen teilzunehmen. Es kann sein, dass deine Seele der ganzen Vorgehensweise nicht traut und sich gegen diese Technik sperrt. Ein Trick ist, im Ritual mit anderen zusammen einfach so zu tun, als ob du die Bilder sehen könntest. Ich meine damit nicht, dass du den anderen etwas vormachen sollst. Sondern du selbst machst dir im Ritual klar, auch wenn ich diese Bilder jetzt noch nicht aufbauen und sehen kann, sehen einige andere im Kreis diese Bilder und einige andere sehen sie vielleicht auch nicht so klar und fest umrissen. Dennoch kann ich am Ritual teilnehmen im festen Glauben daran, dass die Energien auch für mich da sind. Vielleicht dauert es einige Zeit, bis du dir erlauben kannst, die Bilder zu sehen. Unser logischer Verstand wehrt sich evtl. anfangs gegen diese Vorstellung, was es erschwert, diese Bilder aufzubauen. Vielleicht spürst du sie auch eher als sie zu sehen. Vielleicht trifft aber auch das Folgende auf dich zu:

Du merkst, dass du lieber mit konkreten Symbolen arbeitest als mit visualisierten: Das ist kein Problem, fast alle Visualisierungen sind ja eher als ein Ersatz für konkrete Symbole gedacht. Also kannst du auch gleich die konkreten

Symbole oder Handlungen nehmen. Fast alle hier beschriebenen Übungen können durch konkrete andere Symbole und Handlungen ersetzt werden. Du kannst z. B. eine Person auch durch ihr Foto im Ritual vergegenwärtigen. Du kannst einen Schutzkreis um dich herum symbolisch darstellen, indem du ihn mit einem dicken Wollfaden legst oder mit einem Messer im Waldboden ziehst. Du kannst einen Energiekreis mit Menschen bilden, indem ihr zusammen einige Kreistänze macht oder gemeinsam rituelle Lieder singt. Du kannst dich erden, indem du mehrmals fest aufstampfst oder mit stampfenden Füßen tanzt. Du kannst eine Tierenergie im Ritual durch ein Bild des Tieres oder durch sein Fell oder eine Feder greifbar machen. Du kannst konkret in die Natur gehen, anstatt einen Baum zu visualisieren usw.

Du merkst, dass du die Bilder eher spürst als dass du sie klar umrissen optisch siehst: Das ist absolut okay und tritt auch häufiger auf. Wichtig ist, dass du in Kontakt zu kommen lernst mit den gerufenen Kräften. Ob es über Bilder oder eher über Gefühlsempfindungen läuft, ist eher zweitrangig.

Die Bilder lassen sich nach dem Ritual nicht mehr so leicht abschütteln: Wichtig ist, dass du nach dem Visualisieren bewusst die Augen öffnest und dich von den Bildern aktiv verabschiedest. Du kannst ihnen zwar vielleicht nachtrauern, musst dich aber danach wieder für die alltägliche Wirklichkeit mit offenen Augen und sachlichem klaren Blick entscheiden. Die Bilder nicht so gut wieder loslassen zu können, tritt manchmal bei Menschen auf, die sehr intensiv und leicht visualisieren oder sich gerne in Traumwelten verlieren. Deine Seele hat vielleicht auch gelernt, den inneren Bildern mehr zu vertrauen als den äußeren. Dennoch ist es wichtig, dass dich Bilder aus dem Ritual oder der Meditation nicht zu sehr im Alltag verfolgen oder sogar stören. Möglicherweise baust du Bilder schnell und leicht auf, brauchst aber mehr Zeit, um sie wieder loszulassen. Dann lass dir nach dem Ritual auf alle Fälle etwas mehr Zeit, bis du wieder in den Alltag stürmst. Hier helfen alle Erdungstechniken wie etwas essen, in Körperkontakt gehen, Bewegung, ein Spaziergang, dabei bewusst aufstampfen, evtl. auch etwas laute Musik hören und abtanzen. Du kannst dir auch mit Visualisierung selbst helfen, indem du dir vorstellst, wie sich die Bilder in Nebel auflösen oder wie du sie an die Erde zurückgibst.

Das Buch der Schatten

Wenn du dich für Magie und Wicca interessierst, liest oder hörst du sicher öfter von einem »Buch der Schatten«. In manchen Filmen finden Jugendliche so ein geheimnisvolles »Buch der Schatten« auf dem Dachboden im Haus ihrer Großmutter. Manche Heiden oder Magier haben ihr »Buch der Schatten« inzwischen auch in Form von Büchern oder auf Internetseiten veröffentlicht. Was hat es damit auf sich?

Ein »Buch der Schatten« war früher eine Sammlung der Rituale, Anrufungen und Traditionen eines Hexenkreises, eines Covens. Diese Sammlung war bei manchen Kreisen ein feststehendes Werk. In anderen Kreisen wurde sie von Jahr zu Jahr erweitert aus den Erfahrungen, die der Kreis mit Ritualen in diesem Jahr neu gewonnen hatte. Manche

Kreise ziehen zur Wintersonnenwende eine Bilanz ihres rituellen Jahres, bevor sie am Lichtmessfest neue Ideen für das beginnende Jahr entwickeln. Es gibt und gab feste Kreise, in denen neu hinzugekommene Personen für ein Jahr oder für eine längere Ausbildungszeit auf Probe aufgenommen wurden, bis sie volle Mitglieder des Covens oder Hains wurden. Mögliche Bezeichnungen für Personen in dieser Probezeit sind z. B. Initiandin oder Adept und Adeptin. Wenn die Personen dann als volle Mitglieder in den Kreis aufgenommen wurden, erhielten sie außer der Prüfung und feierlichen Aufnahme im Ritual die Erlaubnis, das Buch der Schatten abzuschreiben. So eine feierliche Aufnahme in den Coven wird auch als Initiation bezeichnet, vom lateinischen Wort initiare, hineinführen. Diese Bräuche sind entstanden in Zeiten, in denen es noch keine PCs, Fotokopierer oder Internetseiten gab, und als es erst wenige Ritualkreise gab und diese noch echte Geheimbünde waren. Im Vergleich dazu gibt es heute viel mehr Kreise, die offener ihre Rituale leben. Die esoterischen Buchläden quellen heute über vor Büchern, von denen einige vom Inhalt her solche »Bücher der Schatten« sind. Dennoch pflegen einige Kreise diese Tradition weiter, weil sie dieses Abschreiben von Hand als eine liebenswerte Tradition und eine meditative Tätigkeit ansehen. Erschwert wird diese traditionelle Weitergabe des »Buches des Schattens« dadurch, dass viele junge Menschen nicht so schnell einen Coven finden, aber sehr schnell Bücher kaufen oder sich ähnliches Wissen von Internetseiten herunterladen können. Dadurch fehlt aber der persönliche Bezug zu den Menschen, die die Rituale in diesen Büchern entwickelt haben. So ein »Buch der Schatten« eignet sich außerdem eher für einen Coven, in dem jedes Jahr sehr ähnliche Rituale gefeiert werden. Da gibt es dann eine feste Tradition für jedes Walpurgis- oder Litha-Fest, die alle kennen sollten. In vielen heutigen Ritualkreisen wird jedoch mehr experimentiert. Da ist es möglich, dass z. B. das Walpurgisfest in jedem Jahr von anderen Frauen vorbereitet wird, die jedes Jahr zu diesem Fest ihre persönlichen Ideen und Einfälle beisteuern. Dann gibt es auch keine feste Vorschrift, die die Grundstruktur dieses Festes ein für alle Mal festlegt, sondern das Fest ist in jedem Jahr ein bisschen anders. Insofern gibt es auch kein für alle verbindliches »Buch der Schatten« in diesen Kreisen.

Ich führe kein klassisches »Buch der Schatten«. Dennoch sind die meisten Texte, die ich für die Homepage oder dieses Buch geschrieben habe, Texte, wie sie in einem »Buch der Schatten« stehen könnten. Es braucht sie aber meiner Meinung nach heute niemand mehr von Hand abzuschreiben. Wenn du also diese Texte liest, lernst du meine magischen Tagebücher schon teilweise kennen. Ich führe außerdem mehrere handschriftliche Bücher zu meinem magischen Alltag. Für meine persönlichen Notizen möchte ich ein schönes gebundenes Buch und einen Stift in der Hand nicht missen.

Ich mag den Ausdruck »Magisches Tagebuch« lieber als den Ausdruck »Buch der Schatten«. Ein magisches Tagebuch kannst du ganz alleine schon beginnen, sowie du dich für das Thema Magie und Wicca oder Hexen interessierst. Es ist nicht davon abhängig, wie schnell du eine persönliche Lehrerin, einen Ausbilder, einen guten Workshop oder einen Coven findest, der dich aufnimmt.

Was kann also ein magisches Tagebuch sein? Was gehört dazu und wie kannst du es aufbauen und gestalten? Wenn du anfängst, ist es sicher erst einmal übersichtlicher, wenn du ein gemeinsames Buch für alle magischen Themen benutzt. In dieses magische Tagebuch kannst du dir z. B.

besondere Träume notieren. Du kannst dir Notizen machen zu Büchern über Magie und Rituale, die du nur aus der Bücherei ausgeliehen hast, da sie sonst zu teuer sind. Du kannst deine persönlichen magischen Momente notieren. Wann ist es dir zum ersten Mal passiert, dass du dir etwas so lange und so intensiv gewünscht hast, bis es eintraf? Schreibe es auf! Ein magischer Moment kann auch sein, dass du gerade an jemanden denkst und in dem Moment ruft er an. Oder du erlebst am Tag etwas und dann fällt dir ein, dass du etwas dazu Passendes nachts geträumt hattest.

Du kannst alles reinschreiben, was du für dich persönlich an Wissen gesammelt hast über Tarotkarten, Kräutertees und Rituale usw. Du kannst dir auch einen schönen, bunt verzierten Ordner anlegen, in dem du alle Seiten ausdruckst und abheftest, die du aus dem Internet zum Thema Magie rausgesucht hast. Dazu kannst du dir dann Notizen machen, welche Dinge du ausprobiert hast und wie es dir damit ging. Du kannst auch Briefe und E-Mails mit Freundinnen und Freunden, die sich auch für Magie interessieren, darin abheften. Ebenso kannst du Notizen sammeln, wenn du deinen ersten Workshop oder dein erstes Seminar besuchst. Wenn du eine Lehrerin gefunden hast, mit der du dich triffst oder per E-Mail austauschst, kannst du dir für das Gespräch Notizen machen und so besser von deinen Erfahrungen und Fortschritten berichten.

Aber wenn du nicht gerne mit Stift und Hand schreibst, kannst du dein magisches Tagebuch auch komplett im PC führen. Andere führen es eher in Form von Bildern mit wenigen Notizen dazu. Sie machen Fotos von der Natur, von Pflanzen und Tieren oder von ihrem Hausaltar und schreiben zur Erinnerung ein paar Sätze dazu. Du kannst deinen ganz eigenen Stil finden, wie du so ein magisches Tagebuch gestalten möchtest. Es ist eine wertvolle

Erinnerung an deine ersten Lehrjahre als Junghexe. Später kannst du darin stöbern, wenn du schon länger dabei bist und vielleicht selbst eine Junghexe an die Hand nimmst, um ihr dein Wissen zu vermitteln.

Da bei mir das Interesse an Magie und heidnischen Themen schon sehr lange besteht, führe ich verschiedene Bücher nach Themenbereichen. Ich habe getrennte Bücher für meine Träume, meine Tarotlegungen, meine astrologischen Beratungen, meine Rituale und meinen ganz normalen Gefühlsalltag. Zum Thema Traumtagebuch gibt es ein eigenes Kapitel hier im Buch.

In das Buch, in das ich alle Tarotlegungen eingetragen habe, die ich für mich oder andere Leute gemacht habe, habe ich mir kurz die Frage, das Legeschema, die erschienenen Karten und ein paar Stichworte zur Deutung notiert. Das ist zuerst wichtig gewesen in der Phase, in der ich Tarot gelernt habe. Anhand meiner Aufzeichnungen konnte ich unklare Legungen oder merkwürdige Karten mit meiner damaligen Lehrerin besprechen. Heute sind diese Aufzeichnungen wichtig, wenn ich Legebeispiele für meine Schülerinnen brauche. Dazu verwende ich aber nur die Legungen, die ich für mich selbst gemacht habe. Die Notizen zu Legungen für andere Menschen, die zu mir wegen einer Tarotberatung kamen, kann ich niemandem zum Lesen oder Abschreiben geben. Darüber muss ich schweigen können. Auch eine Tarotberaterin muss sich an den Datenschutz halten. Ich brauche diese Aufzeichnungen aber, falls eine Kundin nach ein paar Tagen oder Wochen noch einmal eine Rückfrage zu einer Legung hat. Auf die gleiche Art führe ich Buch über alle astrologischen Beratungen, die ich mache.

Für meine Rituale habe ich mehrere Bücher, in denen ich Notizen und Erinnerungen an alle Rituale aufbewahre, die ich mal alleine oder mit anderen durchgeführt habe. Das sind recht bunte Bücher, da ich die Farben je nach Fest gewechselt habe. Zur Illustration habe ich oft Fotos von den Festdekorationen dazugeklebt. Natürlich würde es die meisten Menschen stören, im Ritual ein Foto zu machen. Aber vor oder nach dem Ritual von der Dekoration oder dem geselligen Festessen ein paar Erinnerungsfotos zu machen, das erlauben sich einige Ritualkreise. So ist eine Sammlung aus Ritualen entstanden, die Spaß gemacht, mich tief berührt haben oder auch völlig schief gingen. Das führt zu einem wichtigen Punkt: In deinem »Buch der Schatten« oder in deinem magischen Tagebuch sollten nicht nur die tollen Erfolge stehen. Schreibe nicht nur die krachigen Rituale auf, die super geklappt haben. Gerade wenn du in der Lernphase bist, ist es wichtig, dir auch die Dinge zu notieren, die nicht geklappt haben.

Wir haben zum Beispiel in unserem Ritualkreis einmal die lustige Idee gehabt, um eine Birke herum mit bunten Bändern zu tanzen. Keine von uns hatte jemals so einen Volkstanz mit Bändern geübt, wir stellten es uns einfach anmutig und zart vor. Es war an einem Walpurgisfest, glaube ich. Gesagt, getan, jede von uns brachte bunte Bänder mit, wir banden sie alle an der Birke fest und versuchten es mit einem Tanz. Es endete in einem heillosen Gewurschtel, wir gaben es schließlich auf und lagen irgendwann alle giggelnd im Gras. Seitdem weiß ich, dass so ein Bändertanz vorher genauer geplant und geübt werden muss, wenn er anmutig aussehen soll. Diese Erfahrung war wichtig und hilfreich, also habe ich sie notiert. Deine Misserfolge und die Dinge, die dir rätselhaft bleiben, sind also sehr hilfreich für später, und die solltest du dir unbedingt aufschreiben. Ganz besonders wichtig ist es, alle Erfahrungen festzuhalten, bei denen es dir nicht gut ging. Wenn du zum Beispiel merkst, dass du Rituale nur gut findest, wenn sie höchstens eine Stunde oder eine halbe Stunde dauern, schreibe es auf. Du kannst viele Dinge nur durch Ausprobieren herausfinden. Wenn du einmal klar gemerkt hast, dass dir etwas nicht gut tut, z. B. wenn du von einer bestimmten Sorte Räucherstäbchen Kopfweh bekommst, notiere es dir. Versuche nicht immer wieder das Gleiche auszutesten, wenn du schon weißt, dass es dir nicht bekommt. Es gibt noch genug andere Dinge, die du ausprobieren und entdecken kannst. In der Arbeit mit Magie und Ritualen ist es ganz wichtig, dass du auf deine Grenzen achtest und nicht weiter gehst, als dir gut tut.

Für meinen Gefühlsalltag führe ich das emotionale Tagebuch. Manche nennen es auch das »Buch der Spiegel«, weil es für dich ein Spiegel sein kann. Das entspricht dem Tagebuch im ganz normalen Sinn eines Tagebuches. Was hat es mit Magie zu tun, so ein stinknormales Tagebuch zu führen?, fragst du dich vielleicht jetzt. Die meisten von uns, die Magie betreiben, müssen lernen, mit ihren wachsenden Begabungen im Alltag zurechtzukommen. Wir müssen lernen, wann wir handeln sollten oder nicht, wann wir reden oder besser schweigen sollten. Das kann zu einigen Konflikten im Alltag führen. Du kannst Probleme bekommen, weil deine Umgebung vielleicht gar nichts von Magie hält oder versteht. Du kannst Ärger bekommen, wenn du eine wahrsagerische oder hellseherische Begabung hast und noch nicht gelernt hast, zu schweigen, wenn es nötig ist. Du kannst Ärger bekommen, wenn du deinen Eltern offen sagst, dass du z. B. nicht mehr konfirmiert werden oder nicht mehr mit in die Kirche gehen willst. Du kannst auch Streit mit Freundinnen bekommen, die dein Interesse an Magie teilen, und die dann in einem Streit einfach mal so einen Fluch über dich verhängen wollen. In all diesen Situationen brauchst du einen geschützten Raum, in dem du all deine Gefühle und Gedanken festhalten kannst, ohne dass dir jemand dazwischen quatscht oder dich gleich kritisiert.

Zusätzlich sind Menschen, die Magie betreiben, oft sehr sensible Menschen. In dem Wort »übersinnlich« steckt drin, dass jemand über seine normalen Sinne hinaus empfindlich ist für Wahrnehmungen. Das kann sich so äußern, dass du viel geräuschempfindlicher bist als normale Menschen oder unter Streit in deiner Familie sehr stark leidest. Viele Menschen, die Magie betreiben, haben diese Übersensibilität, die sie zur Magie befähigt, in einer chaotischen, schwierigen oder stressigen Familiensituation erworben. Das kann sich so entwickeln: Weil sie in ihrer Kindheit lernen mussten, die Gefühle der Eltern schnell einzuschätzen, bevor wieder ein unkontrollierter Wutausbruch über sie hereinbrach, sind manche Kinder zu Empathen geworden. Empathie ist, wie schon erläutert, eine enorm gesteigerte Fähigkeit, die Gefühle anderer Menschen zu spüren und wahrzunehmen. Das kann aber im ganz normalen Alltag ziemlich stressig sein, vor allem, wenn du kein eigenes Zimmer hast, in das du dich zurückziehen kannst.

Für all diese Konflikte, mit denen du leben lernen musst, kann ein emotionales Tagebuch eine große Hilfe sein. Dennoch kann so ein Tagebuch eine vertrauensvolle Hilfe wie durch eine Lehrerin oder durch Freunde und Freundinnen im Ritualkreis nicht ersetzen. Ich habe heute nur noch sehr selten Kontakt mit meiner Lehrerin. Aber meine Tagebücher, die magischen wie das normale Tagebuch, helfen mir, im Alltag weiter zu wachsen und klarzukommen mit meinen Begabungen. Wenn du sehr großen Stress in deiner Familie hast, kann es auch sinnvoll sein, psychologische Hilfe zu suchen. Einige große Magierinnen waren Psychologinnen, z. B. Dion Fortune oder Starhawk. Ich finde, Magie, Wicca und Psychologie können sich hervorragend ergänzen. Dennoch lehnen sehr viele Psychologen Magie und Esoterik ab. Wenn du aber echte Schwierigkeiten mit deiner Familie oder deiner Schule oder deinen Freunden und Freundinnen hast, kann ein Psychologe oder eine Psychologin dir helfen, besser klarzukommen. Sie können dir helfen, auch wenn sie dein Interesse für Magie und Wicca nicht so recht teilen können. Viele Menschen, die ich kenne, haben neben ihrer spirituellen Ausbildung Psychotherapie gemacht, um einigen neuen und alten Stress in ihrer Familie zu bewältigen.

Nun hast du einen Eindruck bekommen, wie ein »Buch der Schatten« oder verschiedene Formen von magischen oder normalen Tagebüchern dir helfen können, auf deinem Weg als Junghexe voranzukommen. Wenn du meine Texte in diesem Buch oder auf meiner Homepage liest, bekommst du einen Teil meiner magischen Tagebücher zu sehen. Dennoch lege ich nicht alles offen, denn solche Tagebücher sind sehr persönlich. Aber die Texte geben dir hoffentlich die Möglichkeit, einiges magische Wissen kennen zu lernen, auch wenn du noch keinen Coven gefunden hast, der dich aufnimmt.

Bäume als Kraftorte

Wenn ihr Junghexen uns erfahrenere Hexen manchmal so reden hört, fällt hin und wieder das Wort Kraftort oder auch Krafttier. Was ist das, fragt ihr dann, und wie finde ich das?

Ein Kraftort ist zunächst, wie das Wort schon sagt, ein Ort, an dem ich Kraft tanken und ausruhen kann. Das kann ein ganz konkreter Ort in der Wohnung sein, dein Lieblingssessel, ein Schaukelstuhl oder ein Ort draußen in der Natur. Es kann auch ein abstrakter Ort sein, z. B. ein bestimmtes Bild eines Ortes, das in einer Meditation regelmäßig aufgebaut und aufgesucht wird. Viele von uns benutzen Bäume als Kraftorte, pflegen sogar regelrechte Freundschaften mit Bäumen. Ihr fragt jetzt vielleicht, wie das gehen soll. Oder ihr ertappt euch dabei, dass ihr auch so einen besonderen Baum habt, den ihr sehr mögt, zu dem ihr oft hingeht und in dessen Nähe ihr euch irgendwie wohl fühlt. Der folgende Artikel soll euch aus meiner eigenen Erfahrung beschreiben, wie so eine Baumfreundschaft aussehen kann und wie ihr vielleicht einen Baum finden könnt, der zu eurem Kraftort wird.

Ein Krafttier ist entsprechend ein Tier, dessen Gegenwart mir gut tut, dem ich gerne in der Natur und in der Meditation begegne. Manche Tiere rufen in uns eine Erinnerung an unsere eigenen Kräfte und Begabungen hervor, sodass wir eine seelische Verwandtschaft spüren.

Meine Erfahrungen mit Baumfreundschaften

Seit ich denken kann, pflege ich Freundschaften mit Bäumen. Zunächst war mir das gar nicht bewusst. Aber schon als kleines Kind habe ich gerne auf Apfelbäumen gesessen und fand es tröstlich, mich in der Nähe von Bäumen aufzuhalten. Ein bestimmter Baum auf einem Feld am Rande der Großstadt entwickelte sich, als ich 17 Jahre alt war, zu einem Ziel- und Wendepunkt des Spazierganges, den ich am häufigsten machte. Es war eine frei und einzeln stehende Pappel. Später ging ich oft mit Menschen, die ich neu kennen gelernt hatte, zu diesem Baum, wie um sie ihm vorzustellen. Das fiel mir erst auf, als meine Mutter einmal scherzhaft sagte: »Ach, geht es wieder zu deinem Baum?«

Später zog ich mehrmals um, erlebte einige Krisen und Entwurzelungen, bis mich mein Weg wieder zu dem gleichen Stückchen Feld am Rande der Großstadt führte und ich meine Pilgerungen zu der gleichen Pappel wieder aufnehmen konnte.

Als ich erneut umziehen musste, wurde mir schon klarer, dass mir etwas Bestimmtes fehlte. Ich brauchte einen neuen Ort, zu dem ich regelmäßig die gleichen Spaziergänge machen konnte, und einen Baum, bei dem ich mich ausruhen und neue Kraft schöpfen konnte. Ich benutzte die Umgebung von Bäumen als Kraftort, das wurde mir klar. Ich blieb unruhig, bis ich das Entsprechende gefunden hatte, machte verschiedene Spaziergänge in die nähere Umgebung. Es durfte nicht zu weit weg sein, damit ich auch bei innerer Aufregung ohne größere Vorbereitungen aus dem Haus stürzen konnte und den Weg zu meinem Baum finden würde. Nach einigen Wochen des Suchens entdeckte ich ganz in der Nähe einen ruhigen Park mit einer großen Wiese, auf der einige Blutbuchen standen.

Eine sprach mich an, auf ihren großen, ausladenden Wurzeln Platz zu nehmen.

Diese Blutbuche wurde meine erste bewusste Baumfreundin, ich besuchte sie von da an oft, fand bald auf ihren Wurzeln einen bequemen Platz, auf dem ich an ihren Stamm gelehnt sitzen und zu mir kommen konnte. Besonders die Zeit der Abenddämmerung, wenn nur noch einige vereinzelte Jogger ihre Runden im Park drehten, wurde meine Lieblingszeit, um bei meiner Baumfreundin zu sitzen. In diesem Lebensabschnitt stellte ich niemandem diesen Baum vor und sprach kaum mit anderen Menschen über diese Freundschaft. Das Neue, was mir dort bewusst wurde, war noch zu zart und kostbar. In dieser Zeit entdeckte ich meine naturreligiöse Sehnsucht, feierte meine ersten Rituale, erlebte im Ritual eine bewusste Kommunikation mit den Kräften der Natur. Ich spürte außerdem, dass ich über diese Freundschaft hinaus zusammen mit dem Baum an meinem Wohnort wohl ein Bündnis mit der ganzen Baumart eingegangen war. Als ich in einer anderen Stadt an einer Großveranstaltung teilnahm, auf der ich mich sehr einsam fühlte, suchte ich einen Weg zu einer Erholungspause in einem fremden Park. In diesem Park stand auch eine Blutbuche, und ich hatte das Gefühl, dass sie mich leise grüßte, wie wenn sie wüsste, dass ich an einem anderen Ort eine Freundschaft mit einer Verwandten eingegangen war.

Wieder zu Hause angekommen, fing ich an, geistige Zwiesprache mit meiner Buche zu halten, ihr von meinen Sorgen zu erzählen, von den inneren und äußeren Kämpfen während der Ausbildung, die ich damals machte. Gegen Ende der Ausbildung saß ich lange in der sommerlichen Abenddämmerung auf den Wurzeln der Blutbuche, bis ich das Gefühl hatte, mehr und mehr mit der Umgebung zu verschmelzen. Ich durfte es erleben, dass ein Raubvogel bis auf wenige Schritte Abstand mit seiner Beute herankam und sie in meiner Nähe rupfte. Ich empfand diesen natürlichen Vorgang nicht als brutal, sondern als ein Geschenk der Nähe zu diesem wilden Tier. Es war wie ein Abschiedsgeschenk dieser Zeit mit der Buche, und ich war dankbar dafür. Es war wohl auch meine erste Begegnung mit meinem Krafttier, der Bussardin. Ich musste leider wieder umziehen und war selbst kaum in der Lage, mich in einem Ritual von der Buche zu verabschieden, so weh tat die Trennung.

Ich zog wieder in den Teil der Großstadt, in dessen direkter Nähe das Feld mit der Pappel lag, über das ich in jüngeren Jahren so oft gegangen war. Dennoch hatte ich das Gefühl, nicht wieder zu dieser Pappel zurückkehren zu wollen. Ich ging oft über das Feld spazieren, zunächst ziel- und planlos, wartete auf ein Signal, auf ein Zeichen der Zustimmung oder Ansprache, fast drei Monate lang. Irgendwann fiel mir eine der Weiden am kleinen Bach auf, die mehrere Stämme und eine sehr tiefe, weite Astgabelung hatte, auf der ich bequem sitzen konnte. Es war die Zeit um Lichtmess, ich musste mich sehr warm anziehen, wenn ich dort nur etwas länger sitzen wollte, und begann, mich an die Weide zu binden. Ich feierte diese Verbindung in einem kleinen Ritual, band ein Band an einen Ast des Baumes und nahm kleine Äste mit nach Hause, die ihr die Winterstürme entrissen hatten. Als es Frühling wurde, dauerte es sehr lange, bis sich bei ihr die ersten grünen Blattspitzen zeigten, ihre Schwestern am Bach waren alle schon vor meiner Weide soweit. Ich zitterte innerlich, ob ich mich vielleicht an einen toten Baum gebunden hatte, ohne es zu merken. Dann begriff ich, sie war mir einfach ähnlich. Auch ich brauchte immer sehr lange, bis ich dem Locken der Frühlingssonne nachgab und mich traute, Neues zu entwickeln. Sie wurde grün, später als die anderen Weiden an diesem Bach, aber in voller Pracht und Schönheit, und wir blieben neun Jahre aneinander gebunden, bis ich wieder umziehen musste. Ich versuchte in dieser Zeit, sie so oft zu besuchen, wie es ging. Mindestens ein Spaziergang pro Woche, das war mir wichtig.

Manchmal brachte ich der Weide etwas mit, eine Muschel, eine dicke Murmel, den alten Kräuterstrauß vom letzten Jahr, die getrockneten Rosensträuße aus einer Liebesbeziehung, die gescheitert war. Manchmal nahm ich auch etwas Gegenständliches mit, fand eine Bussardfeder genau an der Stelle, an der ich zuletzt den Kräuterstrauß abgelegt hatte, oder nahm Äste mit, die die Frühjahrsstürme ihr entrissen hatten. Aus den Ästen schnitzte ich ein Amulett, einen Kraftgegenstand, oder gab das Holz ins Sonnenwendfeuer. Ich habe meine Weide auch gemalt und fotografiert, und bin bei meinen Spaziergängen zur Weide immer wieder der Bussardin begegnet, die in einer anderen nahen Weide nistete.

Immer brachte ich der Weide meine Gedanken und Gefühle mit, meistens kehrte ich ruhiger und klarer zurück, als ich hingegangen war. Zur Weide zu gehen war für mich die beste Möglichkeit, mich zu erden. Ich kuschelte mich in die Astgabelung und versuchte, mich selbst zu verwurzeln, mir die Kraft ihrer Wurzeln zu leihen, um mit Mutter Erde in Kontakt zu kommen. Ich versuchte, sie zu unterstützen, wenn sie im Herbst den schwierigen Prozess des Blätterloslassens vor sich hatte. Ich versuchte ganz vorsichtig, sie zu reinigen mit Räucherstäbchen, als ich sah, dass sie durch Pilze geschwächt war. Dabei hatte ich aber das Gefühl, dass sie sehr zurückschreckte vor dem Feuer, das ich kurz dazu brauchte. Dennoch habe ich wenig konkret in die Natur eingegriffen. Ich erntete die Himbeeren vom daneben stehenden Busch und das in der Nähe wachsende Johanniskraut, habe aber sonst der Natur ihren Lauf gelassen. In einem Sommer hatte sich ein wilder Bienenschwarm bei der Weide eingerichtet, sodass ich mich nicht mehr sehr nahe herantraute und befürchtete, mir eine neue Baumfreundin suchen zu müssen. Ich war froh, als dieser Bienenschwarm nach dem Winter nicht wieder zum Vorschein kam.

Einmal kam ich aufs Feld und sah die Böschung neben der Weide qualmen und brennen. Ein Alptraum, ich war völlig außer mir. Zum Glück war die Feuerwehr schon im Anrollen, konnte das Böschungsfeuer rasch löschen. Ich blieb so lange am Feldrand, bis ich sicher war, dass alle Flammen gelöscht waren und sie sicher war vor weiterem Schaden. Als die Feuerwehrleute weg waren, ging ich zu ihr und blieb lange bei ihr. Ich weiß nicht, wer an diesem Tag mehr Panik und Angst gehabt und mehr Freude und Dankbarkeit gespürt hatte, der Geist der alten Weide oder ich. Ich war sehr dankbar, dass die Feuerwehr Schlimmeres verhüten konnte, und feierte ein Dankesfest, weil sie überlebt hatte.

Manchmal, wenn ich länger bei ihr blieb oder selber geschwächt war, zog ich einen Schutzkreis um sie und mich, während ich in der Astgabelung saß und meditierte. Ich habe es einmal erlebt, dass es mir sehr schwer fiel, den Schutzkreis hinter mir an einer bestimmten Stelle zu schließen. Ich ging meist von der einen Seite zu ihr hin und setzte mich erst einmal in die Astgabel. Dann ging ich nach einer meditativen Pause in die andere Richtung nach Hause. Als ich diesmal ging, merkte ich, dass an der Stelle, wo ich Mühe gehabt hatte, den Schutzkreis zu ziehen, ein großer Ast frisch und nur halb abgerissen hing und damit wohl ihre Aura verletzt war. Die Weide mit ihren vielen abgerissenen Ästen ist für mich zu dem Symbol vom

Leben mit und nach Verletzungen geworden, wie Roswitha Doldt in einem Lied über eine Weide singt: »Unsere Lebenskraft unbändig treibt stets Wurzeln und frisches Grün...«

In schweren Krisen hatte ich bei der Weide einen sicheren Zufluchtsort, an dem ich zu mir zurückfinden und die tröstende Nähe der Göttin spüren konnte wie an keinem anderen Ort. Für mich war es ein Fortschritt in meiner magischen Entwicklung, dass ich mir erlaubte, mich auf die Kommunikation mit Steinen, Pflanzen und Tieren einzulassen.

Wie könnt ihr nun eine Freundschaft mit einem konkreten Baum eingehen?

Bei den Indianervölkern Amerikas gibt es so genannte Baumfrauen, die über Bäume die Verbindung zwischen den Welten herstellen. Auch in Mitteleuropa gibt es viele »Baumfrauen«, wenn du eine Baumfreundschaft suchst, bist du also nicht alleine. Viele Frauen und auch Männer pflegen eine geistige Freundschaft mit Bäumen und nutzen die Bäume als Kraftpflanzen, indem sie sich mit Hilfe von Bäumen erden, reinigen und Kontakt mit anderen Realitäten pflegen. Der Beginn von Baumfreundschaften ist sehr schön, mir hat er viele reichhaltige Erfahrungen beschert und Kraft gegeben. Baumfreundschaften sind allerdings Projekte auf sehr lange Zeit. Das heißt, mit einem ersten Ritual schaffst du zwar den Einstieg, aber das ist erst der Anfang und du hast noch viele Jahre Zeit, deine Fähigkeiten dann zu erweitern und zu vertiefen. Weitere Literatur zu Baumfreundschaften findest du z. B. in Vicky Gabriels Buch »Der alte Pfad«, sie hat darin ein eigenes Kapitel über Baumgeister geschrieben. Ein anderes sehr gutes Buch zu dem Thema ist von Susanne Fischer-Rizzi, es heißt »Von Bäumen und Blättern«; darin kannst du sehr viel über die Magie einheimischer Bäume finden.

Wenn du eine Freundschaft mit einem Baum eingehen willst, schlage ich dir Folgendes vor: Suche in deiner Nähe einen konkreten Baum, der dir gefällt, der dich anspricht, dessen Platz dir gefällt und wo du relativ ungestört sein kannst. Deine Intuition wird dir den richtigen Weg weisen. Gehe so oft du kannst zu diesem Baum und nehme Kontakt zu ihr auf. (Es ist kein Zufall, dass fast alle Baumnamen in unserer und in anderen Sprachen weiblich sind. Die Seelen der Bäume sind weibliche Naturgeister.) Wenn du glaubst, eine Baumfreundin, also einen für dich guten und heilsamen Baum gefunden zu haben, signalisiere ihr, dass du eine Freundschaft und einen geistigen Austausch willst. Je nach Jahreszeit musst du dich manchmal für ein Baumritual sehr warm und wetterfest anziehen. Du kannst auch eine Thermoskanne Tee zum Aufwärmen mitnehmen. Gehe an einem Tag, an dem du ein bis zwei Stunden Zeit hast, zu diesem Baum. Nimm ein kleines Geschenk für den Ort mit, eine Haarlocke von dir oder eine Handvoll Getreide oder getrocknete Bohnen. Nimm eine Isomatte oder etwas Ähnliches mit, worauf du eine Zeitlang sitzen kannst, ohne eine Blasenentzündung zu bekommen. Außerdem brauchst du ein schönes Band, einen Wollfaden oder etwas Ähnliches. Wenn du auf den Baum zugehst, versuche genau zu spüren, wann du in sein Kraftfeld eintrittst. Bäume haben meistens eine sehr große Aura, ein sehr großes Kraftfeld, das sie umgibt. Wenn du beginnst, es zu spüren, bist du meistens schon mittendrin. Beginne, den Baum an diesem Punkt innerlich zu begrüßen. Gehe dann ganz nahe heran, setze dich dann mit der Isomatte auf die Wurzeln an den Stamm oder auf einen tiefliegenden Ast. Bevor du mit dem Ritual beginnst, visualisiere einen Schutzkreis um dich und den Baum, stelle dir z. B. vor deinem geistigen Auge vor, wie du mit einem scharfen

Messer einen Kreis um dich und den Baum ziehst oder streue das Getreide als Opfergabe und sichtbaren Kreis um den Baum. Dann schließe die Augen, entspanne dich und sprich innerlich mit deinem Baum wie mit einer guten Freundin. Sage ihr, dass du eine Freundschaft willst und brauchst. Bitte um Hilfe und Unterstützung. Als Zeichen, dass auch du etwas geben willst, lege deine Haarlocke ab oder verstreue jetzt erst das Getreide. Dann bitte den Baum, als Zeichen eurer Verbundenheit ihm ein Band um einen Ast wickeln zu dürfen, und tue dieses, falls du keinen Widerspruch vernimmst. Nimm dir einen kleinen Ast oder eine Frucht des Baumes, die unter dem Baum liegt, als Zeichen eurer Verbundenheit mit nach Hause. Aber reiße niemals deinem Baum mit Gewalt einen Ast ab. Danke für die Begegnung, schreite einmal um den Baum, du kannst auch hüpfen oder tanzen, deinen Baum liebevoll umarmen usw. Dann gehe nach Hause, mache ein kleines Fest, esse etwas, kehre wieder in die Normalität zurück.

Lege den Baumzweig bei dir zu Hause hin und lasse daneben oft eine Kerze brennen. Später kannst du auch ein Foto machen oder ein Bild malen von deinem Baum. Gehe so oft du kannst zu deinem Baum, halte dort für eine kleine Besinnung oder Meditation inne. Irgendwann wirst du in dir auch die Stimme und die Antwort des Baumes vernehmen oder von deinem Baum träumen. Nimm immer eine Kleinigkeit mit zu ihm, gib Energie an den Baum ab, stelle dir vor, wie du mit ihm und seinen Wurzeln verschmilzt und Energie aus seinen Wurzeln tankst, danke für die Kraft, die du empfängst, und löse dich wieder, bevor du heimgehst.

Ich wünsche dir viel Spaß und viele heilsame und lehrreiche Erlebnisse mit deiner Baumfreundin!

III. Kapitel

Die Anderswelt – andere Bewusstseinsebenen

Die *Anderswelt* – Kontakt zu anderen Bewusstseinsebenen

Vielleicht hast du schon einmal von der *Anderswelt* gehört und dich gefragt, was das sein soll. Vielleicht ist dir der Begriff etwas unheimlich oder unklar. Der Begriff *Anderswelt* stammt aus der keltischen Mythologie. Er ist nicht nur ein Begriff für das keltische Jenseits, sondern auch für andere Bewusstseinsebenen. Kontakt mit dem, was wir in der Wicca-Religion *Anderswelt* nennen, kannst du auf verschiedene Weise finden. Ein auf alltägliche Art und Weise veränderter Bewusstseinszustand ist das Träumen, wenn wir schlafen. Eine absichtliche Veränderung des Bewusstseinszustandes kann in der Trance geschehen, aber auch innerhalb eines Rituals, eines Orakels oder bei einer intensiven Naturbegegnung. Dieses Kapitel soll dir einige dieser Möglichkeiten etwas näher bringen.

Kennzeichen der *Anderswelt* oder auch der nicht alltäglichen Bewusstseinsebenen, wie die Schamanen dazu sagen, sind eine veränderte Wahrnehmung von Raum und Zeit. Außerdem ist es möglich, an tiefere Wissensschichten heranzukommen. Daher kannst du aus dem Kontakt mit der *Anderswelt* mehr erfahren, als dir selbst bei normalem Wachbewusstsein nur durch angestrengtes Nachdenken so einfallen würde.

Es ist aber nicht einfach, bewusst und aktiv aus dem angestrengten Nachdenken auszusteigen und in tiefere, intuitive Bewusstseinsschichten einzutauchen. Daher ist es bei allen Erfahrungen mit Versuchen zur Kontaktaufnahme mit der *Anderswelt* wichtig, dass du drei Ebenen im Blick behältst: Es gibt immer eine konkrete, alltägliche Ebene, von der aus du startest. Dann gibt es die psychologische Ebene, bei der du mehr in Kontakt kommst mit deiner eigenen Intuition und dann kommt erst die spirituelle Ebene. Was ich mit diesen drei Ebenen meine, kannst du am einfachsten anhand der Traumdeutung nachvollziehen, daher fange ich mit diesem Thema an.

Vorschläge zum Führen eines Traumtagebuchs

Die moderne Traum- und Schlafforschung hat ergeben, dass jeder Mensch jede Nacht träumt und meistens drei bis fünf Traumphasen pro Nacht durchläuft. Mit dem Führen eines Traumtagebuches kannst du deine Fähigkeit, Träume zu erinnern, erwecken und steigern. Außerdem kannst du klären, ob bei dir eine leichte Hellsichtigkeit vorliegt, die oft zuerst im Traum auftritt.

Wie kann so ein Traumtagebuch aussehen? Wie funktioniert Traumdeutung?

Manche legen ein Traumtagebuch in losen Blättern an, dann ist es sinnvoll, pro Traum ein Blatt zu nehmen. Mir war das aber zu umständlich, ich habe einfach ein gebundenes

Heft genommen. Wichtig ist nur, dass du unter jeder Notiz eines einzelnen Traumes noch einige Zeilen frei lässt, damit du später noch Ideen oder Interpretationen dazuschreiben kannst. Falls du deine Träume ziemlich schnell vergisst, ist es am besten, wenn du abends schon das Heft und den Stift neben dein Bett legst. So brauchst du es morgens oder falls du nachts aufwachst nur noch zu greifen. Lass es aber nur offen herumliegen, wenn du sicher sein kannst, dass dann niemand anderes darin herumstöbert. Wenn die Träume schnell weg sind, kann es auch daran liegen, dass du nach dem Aufwachen zu schnell mit jemandem redest oder zu schnell aus dem Bett springst. Hier spielt es z. B. eine Rolle, ob du Geschwister oder ob du ein Zimmer für dich alleine hast, in dem dich niemand stört beim Schreiben. Wie wirst du morgens wach? Wecken dich deine Eltern oder ein Wecker? Du solltest, wenn du mit der Traumarbeit anfangen willst, etwas mehr Zeit einkalkulieren beim Aufwachen. Wie im Ritual auch musst du deinem Geist etwas Zeit geben, vom Traumzustand in den normalen Wachzustand überzuwechseln. Wenn der Übergang sanfter ist, kann auch leichter eine Botschaft zwischen beiden Bewusstseinszuständen hin und her transportiert werden. Es geht aber auch, wenn es sehr abrupt ist, also wenn der Wecker z. B. mitten in der Traumphase klingelt. Ich mache oft die Augen beim Wachwerden noch einmal kurz zu, wenn ich mich an nichts erinnere. Sicherheitshalber habe ich einen Wecker, der nach acht Minuten noch einmal klingelt, falls ich wieder einschlafen sollte.

Wichtig ist, dass du gleich notierst, wenn dir etwas spontan vom Tag (oder von einigen Tagen) vorher dazu einfällt. Die Psychologen nennen das »Tagesrest«. Es gehört zum einfachsten Teil der Traumarbeit, erst einmal die gedanklichen oder optischen Reste des Vortages zu erkennen. Ich habe einmal einen tollen Text gelesen, der beschreiben soll, was in unserem Traumgeschehen so passiert, wenn wir keine bewusste Traumarbeit machen:

»Im Traumleben einer durchschnittlichen Mitteleuropäerin geht es zu wie in einer kleinen Telefonzentrale, die sonst nur örtliche Telefonate vermittelt, dann aber auf einmal auch Fern- und Übersee-Gespräche vermitteln muss. Alles geht drunter und drüber und nichts kommt da an, wo es soll.« Das ist ein Zitat aus einem Buch von Ute Schiran (»Menschenfrauen fliegen wieder«, Knaur Verlag 1988, zur Zeit leider vergriffen). Es soll sagen: Die Traumebene in uns hat verschiedene Funktionen, psychologische wie biologische wie spirituelle. Wenn wir es nicht üben, kommen diese Funktionen durcheinander und unser Traumleben erscheint uns völlig wirr.

Wenn du ein paar Tage bzw. Morgen lang Träume aufgeschrieben hast, kann es passieren, dass du bei der Traumarbeit manchmal keine Lust zum Schreiben hast. Das ist ganz normal. Zur Ausbildung eines Menschen, der mit verschiedenen Welten kommunizieren kann, gehört auch eine gewisse Selbstdisziplin. Aber es soll kein Krampf und Stress werden. Ich habe auch nicht immer jeden Morgen Energie genug dazu, bin aber über die ganze Woche ziemlich oft konsequent mit dem Aufschreiben. Je öfter du es machst, umso leichter wird es dir irgendwann fallen. Ich benutze inzwischen auch einige Abkürzungen für Menschen und Kulissen, also Traumschauplätze, die häufiger vorkommen. Das erleichtert das Notieren mit der Zeit. Regelmäßiges Notieren kann den Fluss der Träume erleichtern. Am Anfang ist es gut, wenn du auch regelmäßig notierst, wenn du nur so ganz vage Fetzen erinnerst, wie z. B. »irgendetwas mit Lehrern geträumt«. Ich glaube, es gibt da so eine Kommunikation innerhalb deiner Seele:

Wenn die Traumwelt in dir merkt, dass du es ernst meinst damit, ihr zu begegnen, wird die Begegnung leichter. Ich musste am Anfang auch sehr üben, völlig unlogische Sachen erst mal aufzuschreiben, ohne sie gleich logischer beschreiben zu wollen.

Ich glaube, dass es bei einigen Menschen funktioniert, wenn sie sich abends beim oder vorm Einschlafen auf etwas sehr konzentrieren, sodass sie dann davon träumen. Ich konnte manchmal andere Menschen regelrecht im Traum besuchen. Du kannst auch, wenn du ein Problem hast, deine Traumkraft abends vor dem Schlafengehen bitten, dir einen hilfreichen Traum zu schicken.

Was ich weniger sinnvoll finde, sind fertige Lexika mit Traumsymbolen. Ich glaube eher, dass es zwar einige allgemeine Gesetzmäßigkeiten gibt in der Traumdeutung und in der Bildung von Traumsymbolen, dass aber jeder Mensch doch recht persönliche Traumsymbole hat. In diesen Lexika, in denen man Traumsymbole nachlesen kann, sind die Symbole sehr allgemein beschrieben. Wenn du länger Traumarbeit machst, kannst du dir eine persönliche Sammlung deiner eigenen Traumsymbole anlegen. Vielleicht merkst du dann, dass ein bestimmtes Symbol in bestimmten Lebenssituationen immer wiederkehrt.

Wenn du vor dem Einschlafen fest an etwas oder jemanden Bestimmtes denkst, kann man das auch als Tagesrest verstehen. Ein Rest vom Tages-Wachbewusstsein kann durch die Konzentration darauf in die Traumebene vordringen. Das ist schon mal ein gutes Zeichen, wenn du ein Thema nicht nur aus der Traumebene ins Wachbewusstsein bringen kannst, sondern auch umgekehrt. Es zeigt, dass beide Bewusstseinsebenen in dir miteinander in Kontakt sind.

Ich will dir nun eine mögliche Traumdeutungstechnik vorstellen, die relativ leicht zu erlernen ist und mit deren Hilfe du auch ohne Traumlexika anfangen kannst, deine Träume deuten zu lernen. Das Deutungsprinzip, mit dem ich meistens arbeite, ist relativ einfach. Man geht in drei Schritten vor. Zuerst musst du Tagesreste ausfindig machen und ganz konkrete Bedeutungen überprüfen. Dann folgt erst die psychologische und die spirituelle Ebene. Als Beispiel stell dir vor, du hättest geträumt, dir fallen die Zähne aus.

1. Tagesreste identifizieren: Was kann sich an Erinnerungen aus dem letzten Tag oder den letzten Tagen im Traum niedergeschlagen haben? Dabei gibt es eben unabsichtliche Tagesreste und absichtliche Tagesreste wie deinen Vorsatz, an etwas Bestimmtes zu denken. Wenn du so einen Vorsatz hattest, würde ich das dann im Traumtagebuch auch notieren. Bei Tagesresten ist es oft interessant, sich zu fragen, warum unsere Seele etwas noch einmal aufgreift, was uns tagsüber gar nicht so wichtig schien. Zum Zahnbeispiel wäre ein Tagesrest denkbar, wenn du am Tag vorher beim Zahnarzt warst oder unabsichtlich fest auf etwas gebissen hast und dabei erschrocken warst, ob dein Zahn Schaden genommen hat.

2. Ganz konkrete Bedeutungen überprüfen: Wenn du von Zähnen träumst, ist z. B. zu fragen: Musst du oder jemand aus deiner näheren oder ferneren Umgebung oder Familie zum Zahnarzt? Wann hast du deine Zähne zuletzt kontrollieren lassen? Hast du einen Zahnarzttermin vergessen? Oder wolltest du Zahnpasta kaufen?

3. Psychologische und symbolische Bedeutungen überprüfen: Dazu nehme ich eben ungerne fertige Symbolnachschlagewerke, sondern frage mich oder die andere Person, was ihr spontan zum Thema des Traumes einfällt. Dabei sind die ersten spontanen Ideen oft die brauchbarsten. Es hilft dir nichts, wenn in so einem Nachschlagewerk drinsteht: »Zähne im Traum deuten auf Entscheidungen hin.« Unter Umständen passt das überhaupt nicht auf deine Situation. Versuche selbst, eine Formulierung zu finden, in der das Traumsymbol vorkommt. Vielleicht fällt dir dann auf, dass du dir an etwas anderem »die Zähne ausbeißt«.

Ein Spezialfall der symbolischen Bedeutungsebene sind Namenssymbole. Manchmal träumt man nur von bestimmten Leuten, weil deren Name dich auf etwas hinweisen soll. Wenn du also eine Mitschülerin oder eine Lehrerin hast, die Frau Zahn heißt, geht es vielleicht um diese Person.

Die symbolische Überprüfung ist eher psychologisch-symbolisch und enthält auch alle psychologischen Tricks unserer Seele wie z. B. Wunscherfüllung im Traum, etwas ungeschehen machen wollen, Vertauschen oder Verschieben von Ursachen im Traum usw. Hierzu würde z. B. auch gehören, dass du von Zahnausfall träumst, wenn du ein schlechtes Gewissen hast, weil du deine Zähne zu selten putzt oder weil du einen notwendigen Zahnarzttermin verdrängst.

4. Spirituelle Bedeutungen erspüren: Dann kommt erst die vierte Ebene, die im weitesten Sinne spirituelle Ebene. Gerade dafür ist regelmäßiges Aufschreiben wichtig. Hier gehören alle Dinge hin wie Vorahnungen durch Träume, Warnträume, spirituelle Symbole im Traum, spirituelle Begegnungen in der Traumebene. Ich finde es sehr wichtig, sich klar zu machen, dass das die letzte Traumdeutungsebene ist und dass die anderen immer zuerst durchdacht und überprüft werden müssen.

Im Beispiel mit dem Traum von ausfallenden Zähnen könnte das vielleicht ein Hinweis sein, wenn du dir einen Milchzahn aufgehoben hast, dass du ein Ritual damit machen könntest. Oder es wäre eine echte Vorahnung, wenn dir am nächsten Tag oder deiner Schwester in der Woche danach wirklich ein Zahn ausfällt. Gerade um Vorahnungen zu überprüfen, ist konsequentes Aufschreiben sehr wichtig. Sonst weißt du unter Umständen nicht mehr, ob du den Traum in der Nacht davor oder danach geträumt hast.

Dennoch bleiben diese Vorgänge selbst bei erfahrener Traumarbeit meistens selten.

Ich schreibe meine Träume jetzt seit sieben Jahren sehr regelmäßig auf. Große spirituelle Träume mit Vorahnungen habe ich höchstens zwei oder drei Mal pro Jahr. Psychologisch hilfreiche Träume habe ich etwa alle zwei bis drei Wochen. Der Rest meiner Träume hat viel mit der Verarbeitung von Tagesresten zu tun, oft auf eine sehr drollige Art und Weise, sodass ich morgens beim Aufschreiben schmunzeln muss. Es kommt mir manchmal vor wie die Entspannungsgymnastik meines Gehirns, das auf seine Weise Feierabend hat, wenn ich schlafe.

Das Deutungsschema, das ich hier beschreibe, ist in großen Teilen beeinflusst von Ann Faraday (»Deine Träume – Schlüssel zur Selbsterkenntnis«, Fischer Taschenbuch, 1991). Das Buch richtet sich aber eher an Erwachsene. Daher stammt auch folgendes Zitat: »Die einzig korrekte Deutung eines Traumes ist eine wirkungsvolle Deutung, eine Deutung, die dem Träumer oder der Träumerin ein Aha-Erlebnis verschafft und ihn oder sie veranlasst, sein oder ihr Leben auf eine konstruktive Art zu ändern.« (S. 12)

Übungsfragen:

1. Was hast du geträumt in der ersten Nacht, nachdem du diesen Text gelesen hattest?
2. Hast du den Traum aufgeschrieben?
3. Hast du schon einmal ein Traumtagebuch geführt?
4. Hattest du manchmal besondere Träume, an die du dich noch lange erinnert hast?

Die Anderswelt im Orakel

Genau wie in der Traumarbeit kann dir auch im Orakel die *Anderswelt* begegnen. Jede Orakelform kann für dich einen Kontakt zu anderen Bewusstseins- und Wissensebenen herstellen. Du musst dafür keine gefährlichen Orakeltechniken wählen, bei denen es um direkte Geisterbeschwörung geht. Für gefährliche Techniken halte ich z. B. das Gläserrücken oder das Quija-Brett, auch witchboard genannt. Es gibt auch einfachere Wege, mit deiner Intuition und spirituellem Wissen in Kontakt zu kommen. Auch bei der Deutung von Orakeln ist es wichtig, dass du dir klarmachst: Es gibt eine konkrete Ebene, eine psychologische und eine spirituelle Ebene.

Eine Orakeltechnik, die zunächst ganz einfach aussieht, ist Pendeln. Viele Leute probieren deswegen diese Orakeltechnik als Erstes aus. Pendel sind leicht zu erwerben. Du wirst vielleicht als Pendel ein einfaches Kettchen mit einem ausreichend schweren Anhänger benutzen. Das macht den

Einstieg erst einmal einfach. Du denkst nun aber vielleicht, du könntest ohne größere Vorbereitungen loslegen und auf Gegenstände zurückgreifen, die du sowieso zu Hause hast. Wenn du es dann probierst, merkst du möglicherweise, dass es doch gar nicht so einfach ist. Du fragst dich wahrscheinlich ziemlich schnell, ob das so stimmt, was du da auspendelst, und ob das Pendel dich auch täuschen kann.

Die erste Ebene, die konkrete Ebene, betrifft das Pendel als konkreten Gegenstand. Wenn du ein provisorisches Pendel hast, das nicht sauber ausbalanciert, kann es sein, dass das Pendel aus rein physikalischen Gründen nicht sauber schwingt. Es neigt dann z. B. dazu, sich immer schräg einzupendeln.

Wie bei allen Orakeltechniken gibt es außer der konkreten Ebene eine psychologische und eine spirituelle Ebene dieser Technik. Manche Menschen benutzen ihr Pendel eher psychologisch. Wenn sie sich im Unklaren sind, was sie auf einer tieferen Ebene wirklich machen wollen, dann horchen sie beim Pendeln tief in sich hinein. Die Pendelbewegung ist dann eine Antwort aus tieferen Persönlichkeitsschichten. Sie hilft dir, einen Wunsch oder eine Entscheidung zuzulassen, die du sonst so nicht zugelassen hättest. Typische Fragen an das Pendel bei so einer Anwendung beginnen mit »Will ich wirklich...?«. Hier kannst du nicht so viel falsch machen, da du dir auf einer tieferen Ebene die Erlaubnis gibst, die Pendelbewegung leicht zu steuern. Diese Anwendung des Pendels ist relativ leicht erlernbar. Dazu gehört nur, dass du die psychologische Vorstellung akzeptierst, dass es in deiner Seele tiefere Persönlichkeitsschichten gibt, und dass du auf diesen tieferen Ebenen vielleicht etwas ganz anderes willst, als du so oberflächlich zulässt. An der psychischen Oberfläche sind wir oft sehr beeinflusst von den Erwartungen anderer Menschen an uns oder von Regeln und Vorschriften in unserer Gesellschaft. Du kennst es sicher, dass du weißt, du solltest eigentlich Hausaufgaben machen, aber viel lieber ins Schwimmbad willst. Das ist noch ein recht einfacher Konflikt, über den jeder sprechen kann. Es gibt aber sehr tiefe Konflikte, wo es uns sehr schwer fällt, etwas anderes zu tun oder zu sagen, als unsere Freunde, Freundinnen oder Familie von uns erwarten. Wenn du zum Beispiel schon sehr lange weißt, dass deine Eltern erwarten, dass du das Abitur machst, kann es dir sehr schwer fallen, in dir den Wunsch zu spüren, nach der mittleren Reife eine Lehre in einem Handwerk zu machen. Das kann dazu führen, dass du dir selbst diese konfliktträchtigen Wünsche auch kaum noch eingestehen kannst. Hier kann dir das Pendel helfen, dir selbst wieder näher zu kommen und deine eigenen Wünsche wieder klarer zu erkennen.

Wesentlich bekannter ist die Anwendung des Pendels als spirituelles Orakel. Dabei musst du jedoch dein eigenes Wünschen und Wollen umgehen können. Das ist aber sehr schwer. Oft passiert es nämlich, wenn du dich nicht ganz frei machst von deinen eigenen Wünschen, dass das Pendel dir zeigt, was du dir wünschst, und nicht, was wirklich passieren wird. Die typischen Fragen an das spirituelle Pendelorakel sind anders formuliert als beim psychologischen Pendeln. Du fragst hier eher »Soll ich wirklich...?«. Oder du fragst sogar, ob etwas Konkretes passieren wird oder gut für dich ist. Hier soll eigentlich nicht die tiefere Schicht deiner eigenen Persönlichkeit antworten, sondern spirituelle Kräfte, die jenseits der Zeit stehen. Bevor du das Pendel loslässt, musst du dich innerlich ganz frei machen, sodass es sich für dich anfühlt, als ob das Pendel sich wie von selbst bewegen würde. Das ist sehr schwer, ich kann es z. B. nicht. Ich benutze lieber Tarotkarten oder Astrologie zum Wahrsagen. Daher kann ich dir auch keine Hilfe geben, wie das zu erreichen ist, es gibt aber Pendelkurse, in denen du diese Art des Pendelns verbessern und üben kannst. Dieses Pendeln als spirituelles Orakel ist eine wesentlich seltenere Fähigkeit als die psychologische Anwendung. Dazu gehört die Fähigkeit, sich innerlich ganz leer zu machen vor dem Pendeln. Verbunden mit dieser Art Pendeln ist die Vorstellung von Schicksalskräften, die über der Zeit stehen und mehr überblicken können als wir persönlich von unserem menschlichen Standpunkt aus.

Ich kann hier nur deinen Blick dafür schärfen, dass es wesentlich öfter passieren kann, dass dein eigenes unbewusstes Wollen antwortet. Diese Vermischung der beiden Ebenen des Pendelns ist gerade für Anfänger und Anfängerinnen schwer auseinander zu halten. Deswegen bevorzuge ich als Einstieg fürs Orakeln eher Tarot oder Astrologie. Hier wird es durch die Art der Technik wesentlich erleichtert, das eigene Wollen neben sich zu stellen. Es ist leichter, beim Ziehen einer verdeckten Karte nichts Bestimmtes zu wollen. Ebenso ist es leicht, mit dem PC die Bahnen der Gestirne zu errechnen. Die errechneten Gestirnskombinationen in einem Horoskop wirft der Computer aus. Er zeigt dir, wo Jupiter gerade steht, egal was du dir wünschst. Dennoch gibt es bei der Interpretation der Karten und der Gestirnsstellungen ähnliche Vermischungseffekte von psychologischen Wünschen und eher spiritueller Ahnung.

Tarot und Astrologie erfordern zwar etwas mehr Vorarbeit, Ausbildung und Lektüre. Aber sie sind sicher leichtere Orakeltechniken, wenn man nicht eine besondere Begabung fürs Pendeln hat. Tarot und Astrologie sind außerdem leichtere Techniken für verstandesbetonte Menschen, die dennoch offen sind für die Welt der Orakelmagie. Tarotkarten können dir wie in einem magischen Spiegel deinen Weg zeigen und dir helfen, leichter zu Entscheidungen zu kommen. Die Arbeit mit Tarot kann dein Gefühl für deine eigene Intuition schärfen. Astrologie kann dir helfen, dich selbst und deinen Lebensweg besser zu verstehen. Ein Horoskop zu deuten oder gedeutet zu bekommen, ist eine sehr gute Chance, die eigenen Möglichkeiten und Fähigkeiten, aber auch Schwierigkeiten und Knackpunkte zu erkennen.

Über einen astrologischen Mondkalender kannst du eine leichte Verbindung von Himmelsenergie und Ritualen schaffen, auch ohne viel von Astrologie zu verstehen.

Übungsfragen:

1. Welche Orakeltechniken kennst du?
2. Welche hast du schon einmal ausprobiert?
3. Gibt es eine Technik, die du gerne erlernen möchtest?
4. Ist dir der Unterschied zwischen den drei Deutungsebenen im Orakel klar geworden?

IV. Kapitel

Die alte Religion

Was ist Spiritualität?

Wenn du dich mit Magie oder der Wicca-Religion beschäftigst, begegnet dir öfter das Wort Spiritualität. Vielleicht liest du, dass für einen Wicca-Anhänger Magie ein Werkzeug ist, das aber in einen spirituellen Rahmen eingebettet sein muss. Was ist dieser spirituelle Rahmen? Warum benutzen viele Heiden und Wicca lieber das Wort Spiritualität als das Wort Religion? Für viele Heiden steht das Wort Religion in zu engem Zusammenhang mit den Weltreligionen, die ihr Wissen in Büchern niedergelegt und versucht haben, viele Regeln und Vorschriften für die Religionsausübung festzuhalten. Das Wort Spiritualität deutet mehr Freiheit an. Es ermutigt mehr dazu, den eigenen Weg zu suchen und zu gehen. Für mich ist aber kein großer Unterschied zwischen Religion und Spiritualität, sodass ich beide Worte für etwas Ähnliches benutze. Ich meine damit die Bereitschaft, sich an eine göttliche Kraft zu binden und sich darauf einzulassen, dass diese göttliche Kraft größer ist als ich. Dazu gehört für mich der Glaube, dass ich meine Begabungen und eine Art Aufgabe für mein Leben von dieser Kraft erhalten habe.

Die Erfahrung, Teil eines größeren Ganzen zu sein, machen viele Heiden und Wicca in der Natur. Die heidnische Religion wird deswegen auch oft eine Naturreligion genannt. Die meisten Menschen verehren aber nicht die Natur an sich, sondern das Wirken der göttlichen Kraft, das sie in der Natur erkennen.

Die Spiritualität einer Wicca-Anhängerin kann deswegen vor allem darin bestehen, viel in die Natur zu gehen. Das führt nicht weit, wenn du mit dem Walkman durch den Park joggst oder mit dem Ghetto-Blaster im Grünen sitzt. Dann bekommst du von der Natur und ihren Geräuschen nämlich nur wenig mit. Es geht eher um einen meditativen Umgang mit der Natur. Dazu gehört die Bereitschaft, länger schweigend auf einer Bank oder unter einem Baum zu sitzen, bis du das Gefühl bekommst, ein Teil der Natur zu sein. Wenn du längere Zeit und möglichst ruhig dort sitzt, wirst du merken, dass auch die Tiere wieder ihre Scheu verlieren: Die Vögel singen wieder lauter oder kommen sogar näher heran. Bis Rehe näher ins Blickfeld kommen, musst du ein, zwei Stunden warten. So lange riechen sie noch deine menschliche Spur. Der Natur näher zu kommen kann auch heißen, sowohl bei Regen wie bei Sonnenschein spazieren zu gehen, natürlich mit wetterfester Kleidung. Wenn du länger und öfter übers Jahr durch deine Umgebung streifst, kannst du in der Natur oder im Park in deiner Nähe den Wechsel der Jahreszeiten beobachten.

Ein weiterer Teil heidnischer Spiritualität besteht darin, sich mit der Energie der Jahreszeiten an bestimmten Tagen im Jahr im Ritual zu verbinden. Diese Tage werden Jahreskreisfeste oder Hexensabbate genannt. Sie sind einerseits bestimmte Einschnitte im Saat- und Ernteablauf des bäuerlichen Jahres. Andererseits sind sie astrologisch markante Termine, sodass die astrologische Sonnenstellung an diesem Tag eine bestimmte kosmische Energie anzeigt.

Sich mit den Kräften der Natur bewusst zu verbinden kann über den Rhythmus unseres Planeten Erde hinausgehen. Dann sind die Feiern bestimmter Planeten- oder Mondereignisse eingeschlossen. Viele Wicca feiern außer den Jahreskreisfesten die Vollmonde und manchmal auch die Neumonde. Ein Vollmondfest wird Esbat genannt. Zum Wicca-Glauben gehört die Vorstellung, dass alles mit allem verbunden ist. Wir glauben, dass es unser Leben verändern kann, wenn wir darauf achten, wie der Mond steht oder die Planeten. Noch heute menstruieren mehr Frauen rund um Vollmond oder Neumond herum als an den Halbmonden. Wir können in unseren Städten mitten im Winter frische Süßkirschen z. B. aus Chile kaufen. Dennoch glauben wir, dass es zu einem tieferen Verständnis unseres Lebens führen kann, wenn wir uns wieder darauf besinnen, wann welche Früchte und Blumen bei uns reif sind. Deswegen stellen die meisten Heiden auf ihren Hausaltar nur Zweige und Blüten, wie sie sie zu dieser Zeit in ihrer Umgebung finden. Wir können in unseren Städten mitten im dunklen Winter die künstliche Beleuchtung rund um die Uhr brennen lassen. Dennoch meinen wir, dass es bei allen Menschen etwas im Lebensgefühl verändert, ob die Sonne nur acht Stunden am Tag scheint (um die Wintersonnenwende herum) oder 16 Stunden am Tag (um die Sommersonnenwende herum). Die moderne Hirnforschung gibt uns da Recht, auch bei Menschen in hell erleuchteten Städten lassen sich feine hormonelle Veränderungen im Gehirn je nach Jahreszeit finden. Die Kraft des echten Sonnenlichts ist mit den wenigsten Lampen zu ersetzen. Es ist auch mitten in der Stadt so, dass viele Menschen im Frühling »Frühlingsgefühle« bekommen und sich im Winter eher gemütlich mit einem warmen Tee im Haus verkriechen und weniger Energie haben. Deswegen feiern wir an markanten Punkten im Jahr den Wechsel der Energie von Licht und Dunkel und das Thema der Jahreszeit.

Spiritualität heißt zu begreifen, dass ich Teil eines größeren Ganzen bin. Damit kann, wie schon gesagt, die

Natur gemeint sein. Deswegen sind viele Heiden im Alltag möglichst achtsam gegenüber der Natur, ihren Früchten und Kräften. Dazu gehören auch so einfache Dinge wie Mülltrennung, Recycling und eine bewusste Ernährung. Wenn ich bewusst ein Teil der Natur bin, lasse ich nach dem Ritual keine Teelichter und Blechbüchsen in der Landschaft liegen. Ich hole mir eher Vertreter und Symbole der Naturenergien in mein Haus. Das können Federn oder Muscheln sein, Stöcke, schöne Steine. Auch wenn ich Blumen pflücke oder Kräuter ernte, versuche ich achtsam zu sein und lasse immer einen Teil der Pflanze stehen.

Um die Kräfte der Natur, die sich z. B. in den vier Elementen symbolisieren, im Ritual gut handhaben zu können, ist es wichtig, dass ich meine Art herausfinde, wie ich mit diesen Kräften am besten in Kontakt treten kann. Manche Leute mögen etwa keine Federn und nehmen lieber eine Flöte oder Räucherwerk für das Element Luft. Es ist wichtig, dass du deine für dich stimmige Form findest, die vier Elemente im Ritual darzustellen und anzurufen. Und genauso ist es ein wichtiger spiritueller Prozess, deine Vorstellung, dein Bild von der göttlichen Kraft zu finden. Lass dir damit Zeit! Du kannst dich mit anderen austauschen, welche Bilder ihnen stimmig und richtig erscheinen. Du kannst in Götter- und Heldensagen stöbern und herausfinden, welcher Sagenkreis dich anzieht. Du kannst es erst einmal mit ganz einfachen Bildern versuchen wie Mutter Erde oder Mutter Natur. Die große spirituelle Freiheit der Heiden und Heidinnen legt dich da nicht fest. Du darfst dein Bild finden und gestalten. Suche so lange, bis du eine Anrede gefunden hast, die du in einem Gebet oder Ritual ausprobieren möchtest. Du kannst auch verschiedene Anreden und Anrufungen von anderen Menschen ausprobieren, bis du deine Form gefunden hast.

Wichtig ist, dass du eine Form findest, bei der du dich geborgen und getragen fühlst, aus der du Kraft schöpfen kannst und zu der du Vertrauen haben kannst. Dennoch werden früh genug Phasen des Zweifels kommen. Zu jedem aufrechten Glauben gehören Phasen des Zweifels. Vielleicht bist du einem Bild der göttlichen Kraft entwachsen, musst es erweitern oder ersetzen und ergänzen. Kaum ein gläubiger Mensch hat von der frühen Kindheit bis ins hohe Alter die gleiche Vorstellung von der göttlichen Kraft. Bleibe dir aber im Klaren darüber, dass die göttliche Kraft größer ist als du und dass du sie nie völlig verstehen und erfassen kannst. Alle unsere Bilder sind nur Versuche, diese Kraft vorstellbar und erfahrbar zu machen. Bleibe dir im Klaren, dass ein Bild ein Bild ist und nicht die göttliche Kraft selbst. Wenn du ein Bild aufgibst und durch ein anderes, stimmigeres ersetzt, heißt das nur, dass du eine andere Seite der göttlichen Kraft erfahren oder suchen willst. Es heißt nicht, dass die göttliche Kraft selbst sich gewandelt hat. Sie steht hinter all unseren Bildern.

Teil eines größeren Ganzen zu sein, kann für manche Heiden auch bedeuten, sich in ihrem Ritualkreis, ihrem Coven, geborgen und getragen zu fühlen. Viele Heiden leben aber ebenso längere Zeit ihre Spiritualität und ihren Glauben alleine. Manche finden nicht so schnell einen Ritualkreis in ihrer Nähe oder sie brauchen eine Zeit lang eine einsamere Suche, um sich neu zu orientieren.

Wenn du einmal deine Form der Spiritualität gefunden hast, ist es wichtig, sie auch zu pflegen. Die Freundschaft zu einem guten Freund kann verkümmern, wenn du sie nicht pflegst. So kann auch die Beziehung zum Göttlichen darunter leiden, wenn du sie nicht pflegst. Was bedeutet nun, meine Spiritualität zu pflegen? Wenn du dir einmal einen Hausalter aufgebaut hast, ist es wichtig, regelmäßig für frische Kerzen und Blumen zu sorgen. Es ist wichtig, hin und wieder die Kerzen anzuzünden, etwas zu räuchern und wenigstens in einer stillen Andacht vor deinem Altar zu stehen. Du musst nicht beten oder meditieren, wenn du deine Form des Gebetes oder der Meditation noch nicht gefunden hast. Eine stille Andacht, in der du der göttlichen Kraft für einen Moment Zeit gibst, in dein Leben zu treten, reicht.

Probiere verschiedene Formen von Gebeten und Meditationen aus, bis du deine Form gefunden hast. Gebete sind eine Form, aktiv zur göttlichen Kraft zu sprechen. Meditationen versuchen eher, einen Raum zu schaffen, in dem du auf die göttliche Kraft hören kannst. Du musst auch nicht ständig Rituale machen. Diese können ruhig den größeren Festen oder den wichtigen Anlässen vorbehalten bleiben. Aber nimm dir immer wieder einmal einen Moment Zeit, vor deinem Altar bei brennenden Kerzen zu stehen, zu sitzen oder zu knien und der göttlichen Kraft zu signalisieren: Ich bin da, ich bin bereit, mich für dich zu öffnen. Wenn du einmal eine gute Form der Meditation für dich gefunden hast, ist es wichtig, dass du diese Meditation auch öfter und einigermaßen regelmäßig machst. Du musst nicht täglich meditieren. Einmal in der Woche kann auch ein guter Rhythmus sein. Meditation ist eine etwas stärkere Struktur, um in Kontakt mit dem Göttlichen zu kommen und etwas Abstand vom Alltag zu bekommen. Es gibt verschiedene Meditationstechniken und auch hier hast du wieder die Freiheit (und die Qual der Wahl), deine Form zu finden.

Genauso ist es wichtig, immer wieder den Kontakt zur Natur zu halten. Das kannst du durch regelmäßige Spaziergänge oder häufige Besuche bei deiner Baumfreundin oder deiner Lieblingsecke im Park erreichen. Du kannst auch Kontakt zur Natur erreichen, indem du einen kleinen Garten pflegst oder die Bauern auf dem Feld beobachtest. Für die meisten Heiden ist es wichtig, regelmäßig die Jahreskreisfeste zu feiern, und wenn es nur in kleinem Rahmen ist. So bleiben sie mit den Kräften der Natur in Verbindung.

Eine weitere Möglichkeit, deine Spiritualität zu pflegen, ist eine Orakeltechnik zu erlernen und hin und wieder im Orakel dem Willen der göttlichen Kraft zu begegnen. Ein Orakel zu ziehen und es sauber zu interpretieren, ohne sich selbst in die Tasche zu lügen, ist eine gute Übung, um zwischen meinem Willen und dem Willen der Gottheit für mich unterscheiden zu lernen. Im Gebet, im Ritual oder im Orakel dieser göttlichen Kraft zu begegnen heißt für mich oft, davor zu kapitulieren, dass der Wille dieser göttlichen Kraft ganz andere Dinge mit mir vorhat, als ich mit meinem menschlichen Eigensinn vorhabe. Ein Orakel zu legen und zu deuten ist eine Chance, mich zu vergewissern, ob ich noch im Einklang mit dem göttlichen Plan bin oder ob ich davon abweiche.

Deine Spiritualität kannst du pflegen, indem du eine gewisse Zeit in deinem Alltag reservierst für die Begegnung mit dem Göttlichen und Geistigen. Das kann heißen, dass du dir Zeit nimmst für Rituale, Meditation und Gebet. Es kann aber auch Zeit für Musik sein, Zeit, um Räucherwerk oder Kräutertees auszuprobieren, etwas über Tarotkarten zu lesen oder im Internet nach Wicca-Wissen zu suchen. Viele verstehen unter einer Pflege der Spiritualität auch, sich genug Zeit zu nehmen für den Austausch mit anderen Wicca, sei es im Ritualkreis oder per Brief oder E-Mail.

Für die Entwicklung deiner Spiritualität ist es außerdem wichtig, dass du dir immer wieder Zeit nimmst, zu dir zu kommen. Das kann durch Meditationen geschehen, durch entspannende Musik oder durch Tagebuchschreiben. Wenn du lernst, auf deine innere Stimme zu hören, wirst du seltener ein Orakel brauchen. Viele Dinge teilt uns die göttliche Kraft nicht durch eine donnernd laute Stimme mit, die aus einer rauchenden Feuerwolke zu uns spricht. Der Weg zur Kommunikation mit der göttlichen Kraft geht meistens eher über diese zarte innere Stimme, die in der Hektik des Alltags oft verstummt und zu kurz kommt. Eine gute Hilfe, um deiner inneren Stimme Raum zu geben, ist Tagebuchschreiben. Denn dabei quatscht dir niemand dazwischen, während du deine Gedanken und Gefühle formulierst.

Ich wünsche dir viel Freude und Ausdauer bei der Entdeckung deiner Spiritualität und deines Weges!

Gott oder Göttin?

Die Frage »Gott oder Göttin?« kann sich euch in zweierlei Hinsicht stellen: Die einen fragen sich vielleicht: Was mache ich mit dem christlichen Gott und den Christen, wenn ich die Göttin in der Wicca-Religion entdeckt habe? Die anderen fragen sich vielleicht: Will ich in der Wicca-Religion zuerst der Göttin dienen oder die Göttin und ihr männliches Gegenüber, den Gott oder den Gehörnten verehren? Denn vielleicht habt ihr schon gehört, dass es Wicca gibt, die nur die Göttin verehren, und andere Wicca-Kreise, die den Gott und die Göttin anrufen.

Ich will in diesem Text auf beide Fragen nacheinander eingehen.

Göttin des Hexenkultes oder christlicher Gott?

Ute Schiran hat einmal sinngemäß geschrieben, es helfe nichts, den christlichen Gott einfach rauszuschmeißen aus deinem Leben und ihn durch die heidnische Göttin zu ersetzen, aber sonst alles beim Alten zu lassen. Die heidnische Sicht des Lebens ist eine ganz andere als die christliche und ändert nicht nur einfach das Geschlecht der göttlichen Kraft. Dennoch sind die meisten von uns, die vor ihrer Zugehörigkeit zur Wicca-Religion christlich aufgezogen wurden, irgendwann aus der christlichen Kirche ausgetreten. Die wenigsten von uns sind in einer heidnischen Familientradition aufgewachsen. In vielen Familien haben sich die magischen Begabungen oder Traditionen nur unter einer christlichen Überformung erhalten können. So wurde einigen von uns in der Familie eine Mischung aus Christentum und magischen Techniken vermittelt, die wir entweder so beibehalten oder irgendwann trennen wollten. Idealerweise sollte dein Wechsel zur Wicca-Religion Ergebnis eines längeren Prozesses sein. Um magisch tätig zu sein, musst du aber nicht zur Wicca-Religion übertreten. Einige berühmte Magierinnen, z. B. Dion Fortune, waren Zeit ihres Lebens den christlichen Lehren sehr verbunden. Sie rief, wie schon erwähnt, in ihren Ritualen statt der vier Elemente meistens vier Erzengel an, um den magischen Kreis zu bilden. Dennoch würden die offiziellen Vertreter der christlichen Kirchen in magischen Ritualen einen Widerspruch zu ihrer Religion sehen.

Aber auch im Alten Testament sind Hinweise auf eine gemeinsame Existenz der jüdischen Religion und heimlicher magischer Praktiken zu finden. Obwohl Moses in seinem Gesetzeswerk einige magische Techniken verbietet (z. B. 3. Buch Moses 20. Kapitel, Verse 6 und 27), sucht der alttestamentliche König Saul einmal Rat bei einer Hexe.

Der Name der Frau ist nicht mehr überliefert, es heißt einfach, er ging zur Hexe von En-Dor, was der Name des Ortes ist, wo sie sich versteckte. Saul bat sie, für ihn den Geist des verstorbenen Propheten Samuel hervorzurufen und ihn zum Orakel zu befragen (1. Buch Samuel, 28. Kapitel Verse 3 bis 5). Diese Texte werden in der Kirche natürlich nur selten vorgelesen.

Die heidnische Tradition hält im Gegensatz zum Christentum wenig von Missionierung und hat keinen allein selig machenden Anspruch. Es ist durchaus möglich, dass dich ein naturreligiöser Ritus anspricht und du dennoch nach wie vor einige Dinge in Jesu Leben oder Werk sympathisch findest. Es macht wenig Sinn, die christliche Religion jetzt völlig abzuwerten, nur weil du gemerkt hast, dass für dich ein anderer Weg stimmiger ist.

Du wirst vielleicht im Laufe deines Weges merken, dass einige Menschen aus ganz verschiedenen Gründen Rituale feiern. Bei einer Frauenritualgruppe können das sehr gemischte Gründe sein von »gerne etwas nur mit Frauen machen« oder »nach weiblicher Spiritualität gemeinsam suchen« bis zu »Frauen-Rituale als weibliche Selbsthilfe und Selbsterfahrungsgruppe« oder »Die göttliche Kraft in uns erfahren und feiern«. Vielleicht sind nur für wenige Frauen in diesem Kreis die Rituale Ausdruck einer Religion der Göttin wie im Wicca-Kult. Nicht alle Menschen, die beginnen, Rituale zu feiern, feiern bewusst Rituale einer neuen heidnischen Religion und trennen sich damit sofort offen vom Christentum. Einige feiern lange noch parallel mit ihren Familien aktiv die christlichen Feste oder leben Mischformen. So ähnelt die Feier des heidnischen Ostara-Festes dann vielleicht noch sehr dem christlichen Ostern.

In den meisten Ritualkreisen ist es aber klar, dass keine eindeutig christlichen Elemente in den Ritualen verwendet werden. Es wird dort sicher kein Vaterunser gebetet oder ein Kruzifix aufgestellt. Heidnische Rituale gehen über ein feministisch geprägtes Christentum hinaus, in dem dann zwar »Mutter unsere« gebetet wird, aber die Grundzüge dieses Gebetes und der christlichen Lehre erhalten bleiben.

Vielleicht wirst du auch manchmal folgendes Argument hören: »Es macht doch gar keinen Unterschied, ob die göttliche Kraft weiblich oder männlich ist. Die göttliche Kraft steht doch weit über solchen Einteilungen und ist mit beidem nicht vollständig zu beschreiben!« Natürlich macht es in einem sehr abstrakten Bereich des Denkens keinen Unterschied mehr, ob die göttliche Kraft weiblich oder männlich angerufen wird. Wenn du dich im Bereich der Bilderlosigkeit bewegst, ist die göttliche Kraft, die diesen Planeten erschaffen hat und mit Leben erfüllt, nicht weiblich oder männlich, so wie wir Menschen in zwei Geschlechtern getrennt sind. Aber vielleicht haben viele Buch-Religionen das Gebot der Bilderlosigkeit so betont, weil sie nur so die Bilder von den alten Göttern und Göttinnen des Landes zum Verschwinden bringen konnten.

Im Ritual ist es nämlich ein großer Unterschied, welche Bilder du benutzt, weil du damit andere Seiten der göttlichen Kräfte rufst. Die Wicca-Religion erlaubt ganz bewusst, sich Bilder zu machen und zwar auch Bilder von der weiblichen Seite der göttlichen Kraft, weil wir nur mit männlichen und weiblichen Bildern die göttliche Kraft ganz erfahren können. Außerdem fordert dich die Wicca-Religion auf, dich mit vielen Bildern für Gott und Göttin in verschiedenen Kulturen auseinander zu setzen. Wir denken, dass wir eher durch die vielen Bilder zu einer ganzheitlichen Vorstellung der göttlichen Kraft finden als ohne diese Bilder. Die menschliche Seele braucht Bilder, um in Verbindung mit diesen Kräften zu kommen.

Ich schätze den Lehrsatz der Theosophie sehr, der besagt: »Keine Religion ist höher als die Wahrheit.« Er trifft für mich dieses Grundverständnis, dass alle Religionen nur versuchen können, eine Facette des Göttlichen zu spiegeln. Das heißt aber im umgekehrten Fall, dass in jeder Religion eben auch wenigstens ein Funken der göttlichen Wahrheit enthalten sein kann. So kann auch im Christentum ein Funken des Göttlichen zu erfahren sein, wenn auch mit ganz anderen Bildern und Ritualen. Wenn du gemerkt hast, dass du dich in der Welt der Wicca-Religion oder in einer modernen Naturreligiosität besser wiederfinden und entfalten kannst, stellst du dir vielleicht die Frage, wie du mit Christen in deiner Umgebung oder Familie umgehen willst. Dabei macht es einen Unterschied aus, was für eine Art Christen du in deiner Umgebung vorfindest. Du kennst sicher die Menschen, die Luther einmal als reine »Taufchristen« bezeichnet hat. Das sind Menschen, die in früher Kindheit getauft wurden. Sonst waren sie dann vielleicht noch im Konfirmandenunterricht, aber sie gehen so gut wie nie in die Kirche, außer vielleicht an Weihnachten oder wenn jemand aus der Familie heiratet oder stirbt. Wenn deine Eltern zu dieser Art Christen gehören, ist es für sie wahrscheinlich kein schwerer Schock, wenn sie merken, dass du dich religiös eher für andere Dinge interessierst. Da taucht eher einmal die Furcht auf, du könntest einer Sekte zum Opfer fallen.

Wenn in eurer Familie neue christliche Feierlichkeiten anfallen, z. B. die Konfirmation deiner Schwester, zwingt dich die Wicca-Religion nicht, diesen Anlässen fernzubleiben. Die meisten von uns halten es im Rahmen normaler familiärer Höflichkeit so, dass sie an solchen Feierlichkeiten passiv und respektvoll teilnehmen. Wir feiern mit unseren Angehörigen diese Anlässe, auch wenn sie anderen

Glaubens sind, sprechen aber meistens nur einen Teil der Gebete mit. Auch wenn das Christentum den alten Religionen des Landes vor Hunderten von Jahren viel Gewalt angetan hat, haben die meisten von uns heute keinen Groll mehr gegenüber Vertretern dieser Religion. Wir versuchen, in gegenseitigem Respekt miteinander umzugehen.

Schwieriger wird es, wenn du dich schon zur Wicca-Religion zugehörig fühlst, aber christlich getauft und noch nicht konfirmiert bist. Dann erwartet deine Familie vielleicht, dass du dich konfirmieren oder firmen lässt. Du kannst dann vielleicht um ein Jahr Aufschub bitten und sagen, dass du diese Entscheidung ernst nehmen willst. Im Verständnis der christlichen Religionen ist die Konfirmation oder die Firmung die bewusste Entscheidung, dass du ein erwachsener Christ oder eine erwachsene Christin werden willst. Wenn du dich trotz deiner Entscheidung für die Wicca-Religion konfirmieren lässt, ist das inhaltlich ein ziemlicher Widerspruch. Du musst für dich selbst wissen und klären, was du besser aushältst: Willst du dem Druck deiner Eltern nachgeben und lieber eine Zeitlang mit diesem Widerspruch leben oder eine offene Konfrontation mit deinen Eltern suchen. Wenn du in einer ländlichen Umgebung lebst, ist der Druck aus deiner Familie evtl. sehr hoch. Wenn du in der Stadt lebst, finden es deine Eltern vielleicht eher interessant, wenn du diese religiöse Entscheidung ernst nimmst, anstatt einfach Ja und Amen zu sagen und möglichst viel Geschenke von Omas und Tanten abzusahnen.

Wenn du 14 Jahre alt bist, bist du nach den Gesetzen dieses Landes religionsmündig und kannst dich auch vom Religionsunterricht befreien lassen. Das ist die Theorie. Im Einzelfall kann es sehr schwer sein, wenn du 14 Jahre alt bist und noch zu Hause wohnst, deinen Eltern gegenüber dein Recht auf religiöse Selbstbestimmung durchzusetzen.

Offiziell aus der Kirche austreten kannst du frühestens mit 18 Jahren. Besonders schwer wird es sicherlich, wenn deine Eltern bewusste und aktive Christen sind, die vielleicht in ihrer Gemeinde sehr engagiert sind oder sogar missionieren. Vielleicht finden deine Eltern viel Halt an ihrem christlichen Glauben und würden es gerne sehen, wenn ihre Kinder auch daran festhalten würden. Du musst für dich von Fall zu Fall entscheiden, mit welchem Verhalten es dir gut geht. Hier kann es helfen, wenn du versuchst, deinen Eltern zu erklären, dass heidnische Naturreligiosität etwas anderes ist als Satanismus. Viele Christen kennen den Unterschied nicht und halten es erst einmal für dasselbe. Es nützt andersherum auch nichts, wenn du dein Interesse für Wicca oder Magie nutzt, um deine christlich geprägten Eltern zu provozieren. Damit tust du deinem neuen spirituellen Weg auch keinen Gefallen. Vielleicht könnt ihr einen Weg finden, wie jeder die Spiritualität des anderen respektieren kann. Besonders leicht scheint mir das zu sein bei Eltern, die zwar vielleicht noch Taufchristen sind, aber selbst schon lange nicht mehr so viel mit Christentum anfangen können. Sie leben selbst eine bunte Mischung aus etwas Christentum, etwas Buddhismus, Esoterik, ein bisschen Tai Chi hier und ein bisschen Feng Shui dort. Diese Art Eltern verstehen es meistens am besten, wenn ihr auch vielfältige spirituelle Interessen lebt und sucht.

Vielleicht hast du auch dieses Buch bekommen, weil deine Eltern Wicca-religiös leben und einen Weg suchen, über dieses Buch mit dir darüber ins Gespräch zu kommen. Vielleicht findest du viele Dinge in diesem Buch einfach haarsträubend oder total uncool. Auch dann gilt die religiöse Selbstbestimmung für beide Seiten, für dich wie deine Eltern. Vielleicht kannst du nach dem Lesen dieses

Buches die Spiritualität deiner Eltern besser verstehen, selbst wenn du nicht so leben möchtest.

Gott oder Göttin in der Wicca-Religion?

Wenn du Menschen oder Rituale der Wicca-Religion kennen gelernt hast, wirst du verschiedene Anrufungen und Rituale kennen lernen und vergleichen. Vielleicht stellst du dann fest, dass einige Wicca nur die Göttin verehren. Andere aber rufen die Göttin und ihr männliches Gegenüber, den Gott oder den Gehörnten an und verehren beide. Wie kommt das, fragst du dich vielleicht, und was bedeutet es? Auch hier gilt wieder die Religionsfreiheit und die Freiheit eines jeden Einzelnen, welches Bild er oder sie sich von der göttlichen Kraft machen will. Manchmal ist es so, dass reine Frauenritualkreise lieber nur die Göttin verehren. Das wird oft, wie schon erwähnt, dianisches Wicca genannt, nach der römischen Göttin Diana. Diana ist eigentlich im engeren Sinne bei den Römern die Göttin der Jagd und der freien Liebe unter Frauen gewesen. Sie war in den 70er-Jahren im Rahmen der spirituell feministischen Protestbewegung lange eine so populäre Göttin, dass sie der ganzen Bewegung ihren Namen gegeben hat. Aber es gibt auch gemischte Kreise und es gibt auch Männer, die nur die Göttin verehren. Das kann daran liegen, dass sie sich der weiblichen Seite der göttlichen Kraft näher fühlen. Manche begründen ihre bewusste Verehrung der Göttin auch damit, dass in den 2000 bis 3000 Jahren der christlich-jüdischen Tradition die männliche Seite der göttlichen Kraft zu lange zu einseitig verehrt wurde. Sie sagen, dass sie spüren, dass es nun erst einmal wieder eine längere Zeit der Verehrung der Göttin geben müsse. Das wollen sie tun, bis die göttlichen Kräfte im Ritual und im Lebensrhythmus unseres Planeten wieder ausgeglichener sind.

Einige gemischte Kreise mit Männern und Frauen verehren aber lieber den Gott und die Göttin, weil sich für sie nur so die Ganzheit des Lebens im Ritual feiern lässt. Du bist auch hier wieder völlig frei, deinen eigenen Weg zu finden. Was für Bilder und Vorstellungen von der Göttin und dem Gott gibt es nun in der Wicca-Religion?

Die Göttin im dianischen Wicca-Kult

In der feministischen Wicca-Tradition wird das Leben der Frau in drei Phasen eingeteilt. Diese Einteilung soll in der Geschichte der Menschheit sehr alt sein. Die drei Grundfarben als Symbole für diese drei Lebensphasen finden sich in archäologischen Funden von der Steinzeit an. Es gibt eine weiße, eine rote und eine schwarze Phase im Leben der Frau. Die weiße Phase, das ist das Leben als Kind und junges Mädchen bis zum Einsetzen der Menstruation. Die rote Phase, das ist die körperlich fruchtbare Lebensphase, in der die Frau menstruieren kann. Eine Frau kann nur so lange Kinder gebären und empfangen, wie sie menstruiert. Die Menstruation ist das äußerlich sichtbare Zeichen dafür, dass wahrscheinlich auch ein Eisprung stattfindet. (Außer er wird durch die Hormonpille unterdrückt, die es ja erst seit jüngster Zeit gibt!)

Die schwarze Phase, das ist oft die geistig fruchtbarste Phase, die Lebensphase der Frau nach Aussetzen der Menstruation. Die Frau muss weniger ihren Pflichten als Mutter nachkommen, ihre Kinder sind schon älter, sie hat wieder mehr Zeit für sich oder kümmert sich in freier Form um ihre Enkel. Entsprechend wird die Göttin in drei Formen verehrt, die den drei Phasen der Frau entsprechen. Es gibt also die weiße Mädchengöttin wie sie z. B. in historischen Göttinnen wie Athene / Minerva oder Artemis / Diana zu finden ist. Dann gibt es die rote Göttin, die z. B. in den historischen Göttinnen Hera / Juno oder Aphrodite / Venus oder Demeter / Ceres noch zu erkennen ist. (Die ersten Namen sind bei den doppelten Namen die griechischen Namen, die zweiten Namen die römischen Namen der entsprechenden Göttinnen.) Die schwarze Seite der Göttin entspricht der weisen alten Frau, die aber auch wild und unberechenbar ist. Sie ist z. B. wiederzuerkennen in historischen Göttinnen wie Hekate und Percht oder Holla / Hulda oder der Baba Jaga. Ein schönes Buch, um ein paar Göttinnen kennen zu lernen, ist das Buch »Göttinnen in jeder Frau« von Jean Shinoda Bolen. In der Wicca-Tradition stehen die verschiedenen Göttinnen aber für die Eine hinter den 1000 Namen. Das heißt, auch wenn ich im Ritual einen bestimmten Namen der Göttin benutze, bleibe ich mir im Klaren darüber, dass dies eine Seite der göttlichen Kraft ausdrückt. Andere rufen im Ritual gerne sehr viele Namen der Göttinnen hintereinander an, um diese Vielfalt und die Eine hinter den 1000 Namen auszudrücken.

Die weiße Göttin steht für mädchenhafte Freiheit und visionäre Kräfte. Sie wird oft auch Jungfrau oder Mädchenkönigin genannt. Die rote Göttin steht für die Göttin der Liebe, die Göttin der Mütterlichkeit, die Fruchtbarkeit der Frauen und der Erde. Sie wird oft auch einfach die Mutter genannt. Die schwarze Göttin steht für die weise Alte, aber auch für die Todesgöttin, die alles wandeln muss und über den Kreislauf von Geburt, Tod und Wiedergeburt wacht. Die Kombination dieser drei Farben wurde in schlimmer Form von den Nazis missbraucht für ihre Fahnen und Symbole. Die sind echt vor nichts zurückgeschreckt! Dennoch arbeiten wir weiterhin mit diesen Farben, da ihre Symbolik viel älter ist als der Missbrauch durch die Nazis im 20. Jahrhundert.

Dieses Grundbild der weiß-rot-schwarzen Göttin wird dann über die Jahreskreisfeste verteilt, den Lichtverhältnissen und den vorherrschenden Farben in der Natur entsprechend. Mit der Herbst-Tag-und-Nacht-Gleiche gewinnt die Dunkelheit die Oberhand, die Tage werden kürzer als die Nächte. Spätestens mit Halloween beginnt die dunkelste Zeit des Jahres, die Zeit der kürzesten Tage, der längsten Nächte. In dieser Jahreszeit ist es am leichtesten, im Ritual Kontakt mit dem schwarzen Aspekt der Göttin zu bekommen.

In der Zeit nach den Raunächten gibt die dunkle Herbstgöttin das Zepter ab an die weiße Wintergöttin. Die weiße Wintergöttin steht für Klarheit und Erneuerung, ihr Hauptfest ist Brigid. An Brigid / Lichtmess wird die Suche nach der jungen Vision gefeiert. An Ostara wird die Mädchengöttin als Frühlingsgöttin in hellen zarten Frühlingsfarben gefeiert. Mit Walpurgis beginnt die Zeit der roten Göttin. An Walpurgis wird sie erst als wilde leidenschaftliche Göttin der Liebe und der Fruchtbarkeit verehrt. Zur Sommersonnenwende zeigt sich die rote Göttin eher treu, in Liebe verbunden oder mütterlich nährend. Am Schnitterinnenfest kippt das Bild von der roten Sommergöttin um in die ersten Anzeichen der schwarzen Herbstgöttin. Die Hitze des Sommers wird brüchig, weicht der Fülle des Erntens und einer Vorahnung des Herbstes.

Das einfachste Symbol für die Göttin ist der Mond in seinen vier Phasen, wobei für die Menschen ja nur drei Phasen am Himmel sichtbar sind. Der zunehmende Mond, die junge Mondsichel ist ein Symbol für die Mädchengöttin. Der Vollmond ist eher ein Symbol für die rote Seite der Göttin, der abnehmende Mond mit der dunklen Neumondphase ein Symbol für die schwarze Seite der Göttin.

Der Gott in der Wicca-Tradition

Das einfachste Symbol für den Gott ist die Sonne. Für die Menschen der alten Zeit war der Mond mit seinen wandelnden Phasen ein Symbol für die Wandlungen im Leben der Frauen. Die Sonne stand für ein Bild vom Mann, das weniger gravierende Veränderungen im Laufe des Lebens beinhaltete. Die Wandlungen der Männer im Laufe ihres Lebens sind nicht so offensichtlich wie das Einsetzen und Ausbleiben der Menstruation bei der Frau. Dennoch wissen wir heute, dass auch Männer mindestens zwei Mal im Leben, in der Pubertät und im Alter, ähnlich starke hormonelle Umstellungen erfahren wie Frauen.

In der Wicca-Tradition wählte man die Sonne für den Gott, weil sie eher für das Unwandelbare steht, während der Mond sich wandelt. Heute wissen wir, dass der Mond um die Erde kreist und die Erde mit dem Mond um die Sonne kreist. Deswegen finden es manche Menschen in der Wicca-Tradition heute nicht mehr so passend, den Gott durch die Sonne auszudrücken.

Der Gott in der Wicca-Tradition ist im Ritual das männliche Gegenüber der Göttin. Der Gehörnte Gott als Symbol für die wilden Tiere des Waldes ist im Ritual der Vertreter des Gottes, so wie die Priesterin die weibliche göttliche Kraft darstellt. Die Rolle der Priesterin im Ritual ändert sich im Laufe der Jahreskreisfeste sehr, weil sie erst die Mädchenkönigin, dann die Geliebte, dann die mütterliche Göttin und schließlich die weise Alte und die Todesgöttin darstellen muss. Im Vergleich dazu bleibt der Gehörnte im Ritual ein weniger verändertes Gegenüber, das von der Göttin auf eine spirituelle Reise geschickt wird. Die folgende Darstellung des Wechselspiels von Gott / Gehörntem und Göttin / Priesterin ist sehr beeinflusst von Heide Göttner Abendroths Versuch, eine frühe matriarchale Form dieser Kulte zu rekonstruieren. Sie geht davon aus, dass in dieser frühen Form die Rolle des Gottes / Gehörnten sehr auf die Göttin / Priesterin bezogen war.

An Lichtmess suchen Gehörnter und Priesterin gemeinsam eine Vision für das neue Jahr. Der Ritualkreis kann die Mädchenkönigin wählen, wenn im ganzen Jahr eine Frau die Rolle der Priesterin für diesen Jahreszyklus übernimmt. An Ostara findet das Werben zwischen der Mädchenkönigin und dem jugendlichen Gott statt. An Walpurgis wird die Fruchtbarkeit des Lebens in freier Vereinigung von Gehörntem und Priesterin gefeiert, während zur Sommersonnenwende eher die Bindung des gereiften Gottes an die Liebe gefeiert wird. Zur Schnitterin wird der Gott an seine Sterblichkeit erinnert, daran, dass sein Glück auf Erden endlich ist. Die Fruchtbarkeit und Wärme des Sommers währt nicht ewig, sondern muss der Ernte und dem Herbst weichen. Zur Herbst-Tag-und-Nacht-Gleiche wird der alternde Gott »geopfert«, um Nahrung zu geben und Platz für neue junge Kräfte zu machen. Dieses »Opfer« des Gottes entsprach in den alten bäuerlichen Kulturen der Erfahrung, dass ein Teil der Ernte als Saat bewahrt und geopfert werden musste und nicht verzehrt werden durfte. Wenn nicht ein Teil der Ernte zur Saat wurde, waren das Leben und die Nahrung im nächsten Jahr nicht gesichert. Dies drückt sich in dem Ritus des sterbenden Gottes aus, der an Halloween zu den Ahnen zurückkehrt und im Licht der Wintersonne am Julfest neu geboren wird.

Ich denke aber, dass mit dem »Opfer des Gottes im Ritual« mit hoher Sicherheit keine Menschenopfer gemeint waren. Die Göttin stand im Ritual für die Kraft der Erde und der Gott stellte die Kraft der Tiere und Pflanzen der Erde dar, die dem Wechsel der Jahreszeiten unterworfen sind. Im Herbst muss ein Teil der Ernte bereits als Saat in die Tiefen der Erde zurückgegeben werden. Da die Menschen nicht wussten, wie viel von der Saat aufgehen würde und wie die Ernte nächstes Jahr ausfallen würde, war das Säen auch ein Opfer an die Erde. Die Saatkörner mussten »sterben« und sich wandeln, sonst konnte kein neues Leben entstehen. Die Göttin steht für die Kraft dieser jahreszeitlichen Veränderungen und der Gott für die Lebewesen der Natur, die diese Veränderungen erfahren und für uns sichtbar machen. Ein Teil dieser Pflanzen und Tiere muss sterben, damit wir Menschen Nahrung haben und leben können. So ist das Opfer des Gottes zu verstehen. Außerdem steht der Gott für den sterblichen Teil des Menschen, der von der ewigen Göttin durch den Kreislauf des Lebens geschickt wird.

Beispiele für Bilder des Gottes in der griechisch-römischen Kultur sind Dionysos / Bacchus, Apollo, Hermes / Merkur, Ares / Mars als Verkörperung eher jugendlicher Götter, Pan und Jupiter / Zeus als Verkörperungen des Mannes in der Blüte seiner Jahre und Chronos / Saturn als Verkörperung des alten Mannes. (Die ersten Namen sind bei den doppelten Namen wieder die griechischen Namen, die zweiten Namen die römischen Namen der entsprechenden Götter, falls sie von den griechischen Namen abweichen.)

Im Schlusskapitel kannst du den Jahreszyklus miterleben, in dem ich dir kleine Rituale zu den acht großen Festen der Wicca-Religion vorstelle. Da ich aus dem dianischen Wicca komme, werde ich dir eher Rituale vorstellen, in denen die Göttin angerufen wird. Wenn ich aber mit meinem Mann Rituale feiere, rufen wir Gott und Göttin an.

Übungsfragen:

1. Welche Götter, welche Göttinnen kennst du schon?

2. Kannst du die Göttinnen, die du kennst, den drei Farben der Göttin zuordnen?
3. Welcher Sagenkreis, welche Götterwelt zieht dich am meisten an?

Grundlagen aller Rituale

Nimm ein in einem Buch beschriebenes Ritual als einen Vorschlag. Gebrauchsanweisungen für Rituale sind wie Kochrezepte in Kochbüchern. Wenn du noch Kochen von Grund auf lernst, liest du dir neue Rezepte sehr genau durch. Du versuchst, alles so zu machen, wie es im Kochbuch steht und bist vielleicht enttäuscht, wenn es nicht auf Anhieb gelingt. Mit der Zeit hast du mehr Übung und musst nicht mehr so genau ins Kochbuch schauen. Dann kommt die Zeit, in der du dich auch traust, eigene Veränderungen vorzunehmen und weißt, dass die Speise gelingt oder dir dann vielleicht sogar besser schmecken wird. Noch ein paar Jahre später hast du so viele Rezepte und Kochtechniken verinnerlicht, dass du gar nicht mehr ins Kochbuch sehen musst, sondern aus der reinen Erfahrung heraus spontan und kreativ kochst. Dennoch bleiben bestimmte Dinge gleich, geschälte Kartoffeln brauchen immer 15-18 Minuten und Spaghetti immer 8-10 Minuten, aber du änderst die Saucen und die Gewürze immer mehr ab.

So ähnlich ist es auch mit Ritualen und Gebrauchsanweisungen für Rituale: Am Anfang, wenn du wenig Erfahrung hast, brauchst du eine sehr ausführliche Gebrauchsanweisung und es ist sicherer, wenn du alles genau so machst, wie in der Beschreibung. Dann merkst du mit der Zeit, welche »Ritualzutat« dir mehr liegt als andere. Du wirst freier, traust dir mehr zu, eigene Worte zu benutzen, frei zu sprechen oder eine Ritualhandlung abzuändern. Mit den Jahren erwirbst du dann die Fähigkeit, eigene Rituale aus ein paar notwendigen Grundzutaten zu entwickeln.

Unveränderlich bleibt die Notwendigkeit einer »rituellen Rahmenhandlung«. Was heißt das?

Vor jedem Ritual ist es wichtig, ein paar Grundregeln zu beachten. Du solltest möglichst ungestört sein können oder dir schon vorher überlegen, wie du mit evtl. Störungen umgehen willst. Alle Rituale brauchen eine gewisse organisatorische und inhaltliche Vorbereitung. Du solltest dir Zeit nehmen, vom normalen Alltagsverhalten langsam in eine Ritualstimmung zu kommen. Genauso brauchst du nach dem Ritual eine gewisse Zeit, um wieder in eine normale Alltagsverfassung zu kommen. Keinem Ritual tun Hektik und Zeitstress gut. Also nimm dir genug Zeit dafür und vermeide es auf alle Fälle, direkt danach hektisch zu einem anderen Termin aus dem Haus zu stürmen. Die rituelle Rahmenhandlung besteht meistens aus Reinigung, Erdung und Bilden oder Ziehen eines Schutzkreises.

Wenn mehrere Personen zusammen feiern, folgt dann noch das Bilden eines gemeinsamen Energiekreises. Diese rituelle Rahmenhandlung ist kein lästiger Hokuspokus, sondern soll dir helfen, langsam von der Alltagsverfassung in eine Ritualstimmung zu kommen. Genauso soll sie dir am Ende helfen, von der Ritualstimmung wieder zurück in die normale Alltagsverfassung zu kommen. Da das nicht jedem gleichermaßen leicht fällt, braucht die eine eine üppige, ausführliche Rahmenhandlung von einer halben Stunde, die andere kann das auch auf zehn Minuten beschränken.

Wichtig ist, auch wenn du alleine feierst, dass du mindestens etwas räucherst oder vorher duschst, um dich zu reinigen. Damit ist nicht gemeint, dass du sauber geschrubbt sein sollst mit Wasser und Seife. Sondern bei diesem spirituellen Reinigen geht es darum, dass du dich vor dem Ritual von Alltagsdingen löst, die dich hindern könnten, ganz am Ritual teilzunehmen. Durch die Reinigung legst du Reste vom Alltag ab, bevor du die Schwelle zum Ritual überschreitest. Diese Reinigung kann wie eine ganz normale Dusche mit dem Element Wasser erfolgen. Du kannst auch räuchern mit einem Räucherstäbchen oder mit einer Rassel die Alltagsreste vertreiben. Auch manche Tänze helfen uns, den Alltag abzuschütteln und hinter uns zu lassen. Du kannst auch für später schon etwas Essen für die Erdung nach dem Ritual bereitlegen.

Du musst unbedingt einen Schutzkreis ziehen, **bevor** du anfängst, die vier Elemente oder eine Göttin oder einen Gott anzurufen! Sonst kannst du ungebetenen Besuch von anderen magischen Kräften oder Gästen erhalten, die du vielleicht nicht so nett findest oder nicht verkraftest. Oder du bist zu unkonzentriert und anfälliger für Störungen von außen. Der Schutzkreis soll dich und dein Ritual schützen, wie der Name schon sagt, und dir helfen, dich besser zu konzentrieren. Aber erwarte nicht, dass du durch den Schutzkreis völlig unstörbar bist. Wie schon gesagt, es fällt niemand tot um oder bleibt wie im Film gebannt und gelähmt stehen, der in deinen Schutzkreis tritt. Aber durch das Energiefeld des Schutzkreises merken die Leute eher, dass du etwas Besonderes tust und ungestört bleiben willst. Im Störfall hilft es eher dir, dich gegen Störungen zu wehren und nicht so leicht ablenkbar zu sein. Außerdem ist es wichtig, alle gerufenen Kräfte und Geister wieder zu verabschieden, bevor du den Schutzkreis wieder aufhebst. In der Regel ist die Anrufung und das Aufbauen von Schutzkreis und Energien im Ritual anstrengender als das Auflösen und Verabschieden. Insofern ist die rituelle Rahmenhandlung am Ende des Rituals meist kürzer und leichter, sollte aber nicht vergessen werden. Außerdem gilt: Es geht in umgekehrter Reihenfolge wieder hinaus, wie bei einem Labyrinthmuster. Was heißt das? Das Grundmuster eines vollständigen Rituals ist immer so:

Zuerst kommt die rituelle Rahmenhandlung am Anfang, sie besteht aus:

- Reinigen
- Erden
- Schutzkreis ziehen
  (bei mehreren Personen noch einen Energiekreis bilden)
- dann erst die Anrufungen z. B. der vier Elemente oder der Göttin oder der Ahninnen

Im Mittelteil findet die rituelle Haupthandlung statt. Diese rituelle Haupthandlung kann eine Trance sein, eine kreative Arbeit, eine Begegnung und Auseinandersetzung mit dem aktuellen Jahreskreisfest, eine Meditation, eine Visionssuche, eine Begegnung mit Geistern, dem Krafttier oder der Göttin, ein gemeinsames Orakel, eine therapeutische Auseinandersetzung mit einem Thema, das wichtig oder schwierig ist, ein Wirken eines Zaubers und und und... Da ist vieles möglich!

Dann kommt die rituelle Rahmenhandlung am Ende:

- Verabschiedung der gerufenen Kräfte
- Auflösen des Energiekreises (bei mehreren Personen)
- Auflösen des Schutzkreises

- Geselliger Ausklang, also wieder erden, z. B. etwas essen, feiern, tanzen usw.

Nun zu der Frage, wo Rituale stattfinden können. Für Rituale gibt es kurz gesagt grundsätzlich drei verschiedene Orte: Drinnen, draußen und im Garten. In deiner Wohnung bist du evtl. geschützter, vor allem, wenn du alleine wohnst oder wenigstens ein Zimmer für dich hast. Aber in der Natur kannst du sehr frei sein. Der Garten nimmt eine Zwischenstellung ein, er ist der Natur näher als die Wohnung, ist aber etwas geschützter vor Störungen von außen. Keiner dieser Orte ist besser als der andere. Drinnen ein Ritual zu feiern ist ganz gut, wenn du sehr ruhig meditieren oder im Ritual schreiben oder malen willst. Draußen ist der Kontakt zu den Kräften der Natur leichter. Deswegen brauchst du bei Ritualen drinnen meist etwas mehr Symbole und Dekoration, um die Kräfte der Natur zu symbolisieren. Draußen oder im Garten umgibt dich die Natur so direkt, da brauchst du meistens weniger Symbole und Schmuck.

Rituale kannst du alleine, zu zweit oder in einer größeren Gruppe feiern. Wenn du unsicher bist, willst du vielleicht erst mal alleine ein Ritual ausprobieren. Aber gerade am Anfang ist es sehr schön, zusammen mit einer magischen Freundin zu üben. Am schönsten ist es natürlich, als Neue in einen Ritualkreis aufgenommen zu werden, in dem schon erfahrenere Menschen sind, mit denen du Rituale machen und von denen du lernen kannst. Aber oft ist es ziemlich schwer, so einen Kreis bei dir in der Nähe zu finden. Auch wenn du viel Erfahrung hast, wird es aber immer einige sehr persönliche Rituale geben, die du am liebsten alleine feierst.

V. Kapitel

Die Jahreskreisfeste

Die Jahreskreisfeste oder auch Hexensabbate sind die wichtigsten Feiertage der Wicca-Religion. Sie sind die häufigsten Anlässe, dass Hexen sich treffen, um miteinander zu feiern und Rituale zu begehen. Es folgen jetzt Beispielrituale und Erklärungen zu jedem Fest. Die Daten der acht Feste, die ich hier nenne, sind nur grobe Anhaltswerte, die Festtage liegen jedes Jahr an etwas anderen Tagen. Die Berechnungsgrundlage ist teils astrologisch, teils astronomisch. Die verschiedenen Namen für die Feste sind u. a. die eingedeutschten oder die englischen oder keltisch-germanischen Namen. Der Zyklus ist eigentlich ein relativ modernes Kunstprodukt aus vier keltischen und vier germanischen Festen und wird erst seit ca. 50 Jahren von Okkultisten in dieser Kombination gefeiert. Aber er ist sehr kraftvoll.

Die vier Feste können außerdem aufgeteilt werden in vier Sonnenfeste und vier Mondfeste. Die vier Sonnenfeste, die durch einen besonderen Sonnenstand bestimmt werden, sind die eher germanischen Feste: Wintersonnenwende, Frühlings-Tag-und-Nacht-Gleiche, Sommersonnenwende, Herbst-Tag-und-Nacht-Gleiche. Wenn es beim Datum dieser Feste etwa heißt: »Die Sonne wechselt an diesem Tag in das Zeichen Steinbock«, so ist das die astrologische Sicht. Natürlich ist die Sonne ein Fixstern, um den die Erde kreist. Dennoch erlaubt sich die Astrologie, die Dinge so zu betrachten, wie sie von der Erde aussehen, so kommt es zu dieser Formulierung. Wir sagen ja auch heute noch: »Die Sonne geht auf«, statt zu sagen: »Es ist Morgen, die Erde dreht sich der Sonne zu.« Das sind einfach zwei verschiedene Blickwinkel auf die gleiche Bewegung der Sonne und der Erde vor dem Hintergrund der weiter weg liegenden Sternbilder am Himmel.

Die vier Mondfeste, die eher keltischen Feste sind Lichtmess, Walpurgis, Schnitterin und Halloween. Sie können auch nach Sonnen- und Mondstand berechnet werden, werden aber meistens an traditionell festgelegten Tagen gefeiert.

Lichtmess / Brigid

Das Thema des Festes

Das Fest Lichtmess wird um den 1. oder 2. Februar herum gefeiert. Es ist das Fest des wiederkehrenden Lichts und eher keltischen Ursprungs. Die drei dunkelsten Monate des Jahres sind vorbei. Manchmal herrscht noch klarer Frost, es gibt aber auch schon Tage, an denen die Luft seltsam lau ist. Wenn du am Tag vor oder nach dem Ritual einen Spaziergang machst, kannst du schon die ersten kleinen Frühlingsboten entdecken: An manchen Bäumen und Sträuchern sitzen schon dicke Knospen. Von den Haselbüschen und von den Erlen können zartgrüne Lämmerschwänzchen herabhängen, die schon jetzt ihren Blütenstaub im Wind verrieseln lassen. An den Saalweiden können die ersten Weidenkätzchen herausblitzen. Es können sich die ersten Schneeglöckchen oder Krokusse zeigen. Diese ersten Frühlingsboten sind eine leise Vorahnung des kommenden Frühjahres. Je nach Naturell sehnen wir uns vielleicht danach, dass es noch einmal kräftig Schnee zum Skifahren gibt oder dass der Frühling bald kommt. Wenn es Tauwetter gibt, liegt die Landschaft vom Schnee befreit oft matschig und dreckig vor uns, das Gras ist farblos und niedergedrückt und wir sehnen uns nach dem ersten frischen Grün.

Wenn du bewusst den Beginn der Abend- oder Morgendämmerung verfolgt hast, hast du vielleicht gemerkt, dass es jetzt schon wieder etwas früher hell bzw. später dunkel wird. Während um die Wintersonnenwende die Abenddämmerung schon gegen 16:00 Uhr einsetzt, kann es um Lichtmess herum bereits 17:00 Uhr sein, bis es dämmert.

Lichtmess ist das Fest der tausend Lichter und der Visionssuche für das kommende Jahr. So wie die ersten vorwitzigen Frühlingsboten, die ihre ersten Knospen herausstrecken, kannst du versuchen, eine erste Idee zu entwickeln, was dieses Jahr für dich bringen könnte. Inzwischen weiß die Medizin auch, dass in den Wurzelknollen der Schneeglöckchen wirksame giftige, aber in geringen Dosen medizinisch heilsame Stoffe sitzen. Es wurden Medikamente gegen Alzheimer und Schizophrenien darin entdeckt. Der Wirkstoff verhilft dem wahnhaft verwirrten Geist der Patienten zu neuer Klarheit. Das Fest Lichtmess kann dir auch helfen, eine klarere Sicht auf dein Leben zu bekommen und ist eine Gelegenheit, dein inneres Licht zu feiern. Die Energie dieses Festes wird häufig genutzt, um Kerzen eine besondere Aufladung zu geben.

Außerdem ist ein häufiges Thema dieses Festes die spirituelle Reinigung, um befreit in das neue Jahr zu gehen. Einige Ritualkreise nehmen dieses Fest als Anlass, um neue Menschen in ihren Kreis aufzunehmen. Manche Ritualkreise sammeln an diesem Fest neue Ideen für den neuen Jahreskreis, spinnen miteinander aus, was sie im nächsten Jahr zusammen machen wollen. In Ritualkreisen, in denen eine Person alle Feste des ganzen Jahres anleitet, wird sie an diesem Fest bestimmt. Dazu gibt es z. B. die Sitte, eine Bohne in einem Kuchen mitzubacken. Diejenige, die das Stück Kuchen mit der Bohne erwischt, ist die neue Mädchenkönigin, die neue Ritualpriesterin für ein Jahr.

Manche Ritualkreise bestimmen an diesem Fest schon, wer welche Person am Julfest beschenken muss. Das ist dann gleichzeitig die Aufgabe, sich ein Jahr lang mit dieser Person besonders zu beschäftigen.

Brigid war die Göttin der Schmiede, der Dichtkunst und eine Mondgöttin. Zu ihr gehört sowohl die Fähigkeit des scharf geschliffenen Wortes und der gut geschmiedeten Reime wie die Schmiedekunst scharf geschliffener Klingen.

Vorbereitungen und die Festdekoration

Die Farbe des Festes ist weiß, das Weiß der Wintergöttin, das Weiß von Schnee und Eis und von Schneeglöckchen. Du kannst also gut ein weißes Tuch als Untergrund nehmen oder eine weiße Serviette. Du kannst auch weiße Kleidung tragen, ein weißes T-Shirt, oder ein weißes Band ins Haar flechten. Wenn du ein paar Schneeglöckchen im Garten hast, grabe sie mit den Wurzelknöllchen aus und hole dir ein paar in einem Topf ins Zimmer. Aber du musst sie schnell nach dem Fest wieder raustun. Abgeschnitten vertragen sie die Zimmerwärme überhaupt nicht. Es gibt noch eine andere weiße Blume, die um diese Jahreszeit kälteunempfindlich blüht. Sie heißt Christrose, weil sie selbst an Weihnachten blühen kann. Sie hält sich ein paar Tage in der Vase.

Falls du eine Sichel oder ein anderes Symbol für eine silberne Mondsichel hast, kannst du sie auch in die Festmitte legen. Außerdem kannst du die Festmitte oder den Altar mit vielen Kerzen schmücken. Manche mögen an diesem Fest eine Fülle von weißen Kerzen, ich finde aber auch eine Mischung aus vielen bunten Kerzen in ganz verschiedenen Kerzenhaltern schön. Auf alle Fälle brauchst du eine Kerze in einem Windlicht oder mit einem Halter, der breit genug ist, um Wachstropfen aufzufangen.

Außerdem gehört zu dem Fest eine Andeutung von Schnee und Eis und kaltem Wasser. Das kannst du z. B. durch Bergkristalle erreichen, sie sehen ja wie Eiszapfen aus. Du brauchst eine Schale mit kaltem Wasser, in die kannst du Eiswürfel aus dem Gefrierfach oder Schneebälle von draußen legen. (Fortgeschrittene feiern das Fest warm eingepackt draußen an einem offenen kalten Gewässer. Dabei brauchst du aber eher Windlichter, sehr warme Kleidung und musst darauf achten, dass es am Ufer nicht zu matschig ist.) Außerdem solltest du dir ein paar Kerzen zurechtlegen, die noch unbenutzt sind und die du weihen willst. Dann brauchst du noch einen kleinen spitzen Gegenstand zum Einritzen, einen Zahnstocher, eine dicke Nadel oder eine Rouladennadel aus der Küche.

Lege dir wie immer etwas zu essen für eine kleine Mahlzeit nach dem Ritual zurecht, etwas zum Räuchern (du kannst aber auch eine Duftkerze unter die Kerzen stellen) und suche dir eine schöne meditative Musik aus, die dich in Stimmung bringt. Zusätzlich lege dir ein Handtuch bereit.

Der Ritualablauf

Sorge dafür, dass du ein bis eineinhalb Stunden ungestört sein kannst. Zünde die Kerzen an, die du als Dekoration anzünden willst. Schau dir deine Festmitte einen Moment an und spüre bewusst in deine Füße hinein. Spüre, wie du auf dem Boden stehst und wie du mit der Erde verbunden bist. Räuchere ein bisschen oder atme bewusst den Rauch der Duftkerze ein. Dann ergreife die eine Kerze in dem Kerzenhalter, der verhindert, dass Wachs auf den Boden kleckert und laufe damit drei Mal im Uhrzeigersinn um die Mitte herum. So hast du einen Schutz- und Energiekreis gebildet.

Dann kannst du die vier Elemente anrufen. Wende dich nach Osten und sprich: »Ich rufe die Kraft der Luft, die Kraft der Winterwinde und der ersten Frühlingslüfte, komm in meinen Kreis.« Wende dich nach Süden und sprich: »Ich rufe die Kraft des Feuers, das hier in vielen Kerzen brennt. Ich sehne mich nach dem Feuer der Sonne in dieser kalten Zeit, komm in meinen Kreis.« Wende dich dann nach Westen und sprich: »Ich rufe die Kraft des Wassers, das noch gebunden ist als Schnee oder schon als Tauwasser zu Tale fließt. Komm in meinen Kreis.« Dann wende dich nach Norden und sprich: »Ich rufe die Kraft der Erde, die jetzt zu neuem Leben erwacht, wenn der Griff des Winterfrostes sich löst. Komm in meinen Kreis.«

Dann kannst du etwas sprechen, das die Besonderheit des heutigen Tages betont, wie den folgenden Text:

»Heute ist Lichtmess. Wir feiern die Endzeit des Winters. Auch wenn uns die Natur noch karg und öde erscheint, ist doch viel Wintersaat zu kleinen Kornhalmen herangewachsen unter dem Schnee. Unter der Erde haben sich viele Keime schon entfaltet und warten nur darauf, durch die Erddecke zu stoßen. Auch meine Erlebnisse in diesem Jahr sind schon im Keim angelegt und warten darauf, sich zu entfalten und zu wachsen.«

Wir feiern das zurückkehrende Licht. Du kannst das folgende Volksgedicht laut oder leise lesen:

Immer schneller wächst der Tag.
Am Julfesttage wächst der Tag,
soweit die Mücke gähnen mag.
Am Neujahrstage wächst der Tag,
soweit der Haushahn schreiten mag.

An Dreikönig wächst der Tag,
so weit das Hirschlein springen mag.
Und an Lichtmess wird dir kund,
er wächst um eine ganze Stund.
(abgewandeltes Volksgedicht)

Dann kannst du die vorher ausgesuchte Musik abspielen und dich einen Moment einstimmen.

Jetzt tauchst du deine Hände in das kalte Wasser und wäschst dir symbolisch die Hände. Sprich dabei: »Ich wasche alles von mir ab, was noch an Resten des Winters und an Resten vom alten Jahr an mir haftet. Ich werde bereit für Neues.« Dann trocknest du dir die Hände ab. Lass dir Zeit dabei und sinne dabei einen Moment lang nach, ob dir eine Idee kommt, was du an alten Dingen oder Gewohnheiten loslassen und was du im neuen Jahr begrüßen willst.

Dann kannst du die Kerzen nacheinander mit der unteren Hälfte ins Wasser tauchen. Dabei kannst du sprechen: »Am heutigen Tag des Lichts weihe ich diese Kerze. Sie soll mich daran erinnern, dass auch in mir immer ein Licht leuchtet.« Du tauchst die Kerzen nacheinander in das kalte Wasser und legst sie dann auf dem Handtuch ab. Dann nimmst du einen kleinen spitzen Gegenstand, z. B. eine Rouladennadel oder eine Stecknadel und ritzt unten in die Kerzen ein kleines Pentagramm ein. Dabei kannst du sprechen: »Ich kennzeichne diese Kerze, die jetzt die Energie dieses besonderen Tages trägt.«

Wenn du alle Kerzen geweiht und gezeichnet hast, danke der Göttin für das besondere Licht dieses Tages. Bitte sie, dir in den nächsten Tagen und Nächten neue Ideen oder besondere Träume für das neue Jahr zu schenken.

Dann verabschiede die vier Elemente wieder in umgekehrter Reihenfolge, erst die Erde, dann das Wasser, dann das Feuer, dann die Luft. Danke ihnen jeweils, dass sie bei dir waren und deine Sinne geschärft haben.

Dann läufst du mit der gleichen Kerze von vorhin in umgekehrter Reihenfolge drei Mal um deine Kerzenmitte. Jetzt ist dein Ritual aufgelöst, du kannst noch einen Moment nachfeiern, etwas essen, Musik hören, ein bisschen tanzen oder Tagebuch schreiben. Lass die feierliche Stimmung langsam ausklingen und kehre dann wieder in eine Alltagsverfassung zurück.

Nachbereitung

Die geweihten Kerzen kannst du an einem geschützten Ort aufbewahren und im Laufe des Jahres verbrauchen. Länger als ein Jahr, also bis zum nächsten Lichtmess-Fest, sollten sie nicht liegen. Die Kerzen an Lichtmess sind ein ähnlicher Schutztalisman wie der Kräuterstrauß am Schnitterinnenfest. Die beiden Feste sind zeitlich genau um ein halbes Jahr versetzte Feste, liegen sich also im Jahreskreis gegenüber. Du kannst auch eine geweihte Kerze an eine Freundin in Not verschenken. Hebe sie dir auf für besondere Feiertage oder Notsituationen, in denen du ein besonderes Licht gebrauchen kannst.

Lege dir ein Traumtagebuch zurecht, falls du in den Nächten nach dem Ritual wirklich etwas Besonderes träumst.

Nach der feierlichen Stimmung von Lichtmess kommen die ausgelassenen Faschingstage, in denen der Winter ausgetrieben werden soll. Die Masken und Verkleidungen an Fasching geben dir auch die Möglichkeit, einmal etwas Neues auszuprobieren. Die Suche nach Visionen muss nicht immer ernst und einsam sein, sie kann auch in den tollen Tagen gerade durch die spielerische Umkehr der Dinge gefördert werden. An diesen Tagen ist ein bisschen

Verrücktheit erlaubt, das kannst du nutzen, um etwas Neues in dein Leben zu lassen.

Ostara / Frühlings-Tag-und-Nacht-Gleiche

Das Festthema

Ostara ist der germanische Festname. Frühlings-Tag-und-Nacht-Gleiche ist die eher astronomische Bezeichnung für einen von den zwei Tagen im Jahr, an denen Tag und Nacht exakt gleich lang sind. Das Fest liegt je nach Sonnenstand um den 21. März herum, in den meisten Kalendern wird der Tag als Frühlingsanfang notiert. Mit diesem Fest endet die dunkle Hälfte des Jahres und die helle Hälfte des Jahres beginnt. Von Ostara an werden die Tage länger als die Nächte. Die Kräfte der Erde, die im Winter im Verborgenen gearbeitet haben, in den Pflanzen, unter der Erde oder unter der Schneedecke, drängen nach außen. Seit Jahrtausenden verbinden die Menschen mit diesem Tag den Frühlingsanfang, im persischen Kalender auch den Jahresanfang. Deswegen wird in Persien, heute Iran, und bei den Kurden an diesem Tag das Neujahrsfest gefeiert, Newroz genannt.

Astrologisch entspricht dieser Tag dem Punkt, an dem die Sonne in das Zeichen Widder eintritt. Da unsere Art der Astrologie in Persien entstanden ist, gilt das Zeichen Widder als der Beginn des Tierkreises und des astrologischen Jahres. Das Zeichen Widder und die damit verbundenen Frühlingskräfte stehen für Neuanfang, Neubeginn, für Optimismus und Tatendrang.

Der Name Ostara ähnelt dem Festnamen des christlichen Osterfestes, das in Abhängigkeit vom alten Fest Ostara berechnet wird. Ostern ist immer am Sonntag nach dem ersten Vollmond nach der Frühlings-Tag-und-Nacht-Gleiche. Die Christen haben viele Symbole des heidnischen Ostarafestes für das christliche Osterfest übernommen. Dazu gehören die Eier und die Hasen. Der Hase war das der Göttin Ostara geweihte Tier, Eier sollten Fruchtbarkeit und Neuanfang darstellen. Im Frühling brüten viele Vögel ihre Eier aus und geben damit das Leben weiter. Weitere Festsymbole sind die ersten frischen Blütenzweige, erste Zweige mit grünen Blattspitzen usw.

In Frage kommen an Ostara mehrere Ritualthemen: Zum einen gehören zu Ostara wie zur Herbst-Tag-und-Nacht-Gleiche alle Themen von Hell und Dunkel, Licht und Schatten. Ostara ist also geeignet für alle Rituale, die mit diesen Gegensätzen arbeiten und den Ausgleich zwischen den Gegensätzen suchen. Das andere Thema für das Ritual am Ostarafest kann sein, die Frühlingsenergie in dein Leben zu tragen oder in deinem Leben zu entdecken und dir davon neuen Schwung geben zu lassen.

Von der Tageszeit passt der Vormittag am besten zu Ostara, so wie der Abend am besten zur Herbst-Tag-und-Nacht-Gleiche passt. Schön ist es, wenn du dir am Tag des Festes die Zeit nehmen kannst (und der Himmel nicht zu bewölkt ist!), bewusst einen Sonnenaufgang oder -untergang zu beobachten. An diesem Tag geht die Sonne exakt im Osten auf und exakt im Westen unter. Von da an wandert der Sonnenaufgang immer weiter nach Nordosten und der Sonnenuntergang immer weiter nach Nordwesten. Vielleicht gibt es in deiner Umgebung einen markanten Punkt am Horizont, an dem du dir den Sonnenuntergang merken und diese Wanderung der Sonnenbahn beobachten kannst.

Vorbereitungen und Festdekoration:

Die Farben des Festes sind weiß, gemischt mit gelb und zartgrün. Du kannst also den Altar oder die Kreismitte mit einer gelben Serviette oder einem weißen Tuch bedecken und darauf eine kleine Vase in die Mitte stellen mit den ersten Frühlingszweigen. Nimm keine Tulpen aus dem Treibhaus, wenn die Natur draußen noch nicht so weit ist, sondern nimm nur die Zweige oder Blüten, wie du sie draußen in der Natur auch schon findest zu der Zeit. Vielleicht findest du auch schon die ersten Gänseblümchen oder Löwenzahn, in manchen Jahren sind sie sehr früh. Außerdem kannst du für die vier Elemente in die vier Himmelsrichtungen Symbole legen, z. B. eine weiße Feder für die Luft im Osten, eine gelbe Kerze für das Feuer im Süden, eine weiße Muschel oder ein Schneckenhaus für das Wasser im Westen und einen weißen Stein für das Element Erde im Norden. Zusätzlich stellst du für das Element Erde einen kleinen Blumentopf mit Erde bereit. Je nach dem, was du säen willst, brauchst du eine eher flache Schale, z. B. für Kressesamen, oder kleine tiefe Töpfchen, z. B. für Sonnenblumensamen. Ebenso lege dir etwas Samen zurecht. Mach es dir nicht zu schwer, nimm einen Samen, der ganz gut gedeiht, wie z.B. Kresse, Brunnenkresse oder Sonnenblumen oder Petersilie. Etwas Wasser zum Gießen brauchst du auch. Wenn du es magst, kannst du in die Mitte auch buntbemalte Eier legen oder schöne aus Stein oder Holz geformte Eier oder ein paar knallbunte Schokoladeneier.

Du kannst etwas Frühlingshaftes anziehen, auch in den Farben des Festes, oder etwas Hellblaues. Wenn du etwas Ähnliches hast, ist ein Schal mit Schmetterlingen oder Blüten schön oder eine Schmetterlingsbrosche, die du dir ins Haar steckst. Du kannst dir auch einfach ein gelbes oder weißes

Band ins Haar machen oder vorher ein weißes T-Shirt mit Textilfarben frühlingshaft bemalen. Bedenke aber, dass es an diesem Fest oft noch recht kühl ist. Kein Ritual wird spirituell besser dadurch, dass du frierst. Zum Räuchern ist es am einfachsten, wenn du dir ein paar Räucherstäbchen zurechtlegst.

Lege dir für nach dem Ritual eine Kleinigkeit zu essen zurecht. Absolut stilecht sind hartgekochte Eier oder ein Eiersalat, aber es kann natürlich auch ein Salat mit Kresse oder anderen Sprossen sein oder eine Suppe mit den ersten Kräutern. Die Sprossen und ersten Wildkräuter symbolisieren ja auch Neuanfang.

Inhaltlich kannst du dir vorher überlegen und in dich hineinspüren, was du in deinem jetzigen Leben Neues anfangen willst, wo du dir neue Impulse wünschst oder wo du neuen Schwung brauchst. Wenn du gerne singst, suche dir vorher in einem Liederbuch ein paar Frühlingslieder raus oder suche dir vorher eine Musik aus, die dich an Frühling erinnert.

Wenn du alles dekoriert und die Mitte gerichtet hast, sorge dafür, dass du ein bis zwei Stunden ungestört sein kannst.

Der Ritualablauf

Zur Reinigung entzündest du das Räucherstäbchen, machst damit etwas Rauch und bewegst dich durch den Rauch. Dabei kannst du innerlich oder halblaut sprechen: »Ich reinige mich und lasse den Alltag hinter mir...«

Um einen Schutzkreis zu bilden, stell dir hinter deinen Füßen ein dottergelbes Licht vor, bis du eine kleine Lichtkugel sehen kannst. Dann ziehe in deiner bildlichen Vorstellung aus der gelben Lichtkugel ein gelbes Lichtband, mit dem du um dich und deinen Altar oder deine

Kreismitte einen gelben Ring legst. Verschließe den gelben Lichtring sorgfältig hinter dir. Sprich zu dir selbst: »Ich stehe in einem gelben Kranz aus Licht und bin geschützt!«

Dann rufe die vier Elemente an, indem du beispielsweise sprichst:

»Ich rufe die Kraft der Luft aus dem Osten! Komm mit deinem Geist, dem leuchtenden Schwert des Verstandes, mit witzigen Ideen und der Fähigkeit des Überblicks, komm in meinen Kreis...!«

Dazu hältst du die Feder hoch Richtung Osten und setzt sie dann wieder ab.

(Falls du nicht laut sprechen willst, kannst du die Worte auch flüstern oder nur lesen und gedanklich, also innerlich, sprechen.)

Dann wendest du dich mit der Kerze nach Süden und sprichst:

»Ich rufe die Kraft des Feuers aus dem Süden! Komm mit deiner Wärme, deiner Macht und Leidenschaft, mit der Glut der Gefühle, komm in meinen Kreis!«

Dann legst du die Kerze wieder in die Mitte, wendest dich mit der Muschel nach Westen und kannst sprechen:

»Ich rufe die Kraft des Wassers aus dem Westen! Komm mit der Macht der Gefühle, stille meine Sehnsucht nach Liebe und erfüllter Spiritualität, komm mit den Tränen der Freude und den Tränen der Trauer, komm in meinen Kreis!«

Dann legst du wieder die Muschel hin, wendest dich nach Norden und ergreifst den Stein oder die Schale mit Erde und sprichst:

»Ich rufe die Kräfte der Erde aus dem Norden: Gib mir festen Boden unter meinen Füßen, gib meinem Körper, was er zum Leben braucht an Nahrung und Kraft und lass mich nie vergessen, dass wir alle Kinder der Erde sind. Komm in meinen Kreis!«

Dann kannst du einen Text sprechen, der wieder die Besonderheit dieses Tages betont, wie:

»Dies ist der Tag der Frühlings-Tag-und-Nacht-Gleiche. Von heute an sind die Tage wieder länger als die Nacht. Der Einfluss des Lichts nimmt zu, der Einfluss des Dunkels nimmt ab. Die Kräfte der Erde drängen nach außen. Die Natur erblüht, die Vögel bauen ihre Nester oder brüten schon. Wir freuen uns über den Frühling oder hängen noch fest in unseren Winterklamotten. Manchen von uns fällt es leicht, das Frühjahr zu begrüßen, sie sehnen sich schon lange nach Wärme und Sonnenlicht. Anderen fällt es schwer, sich vom Winter zu lösen und in das Erblühen der Natur mit einzustimmen. Die Erde braucht den Wechsel. Göttin des Frühlings, lass uns gut über jeden Wechsel kommen und den Neuanfang in der Natur und in uns feiern und begrüßen. An diesem Tag sind Tag und Nacht, Licht und Schatten für einen kurzen Moment im Gleichgewicht. Dann drängt es die Natur zu einem Aufbruch, zum Blühen und Anwachsen des Lichts. Lass auch mich aufbrechen, wo es für mich nötig ist, und gib mir die Kraft, neue Dinge anzugehen.«

Nun besinne dich einen Moment, wo es in deinem Leben einen Neuanfang, einen Aufbruch gibt. Du kannst auch spüren, wo du vielleicht an alten Dingen festklebst und dich nicht traust, zu neuen Ufern aufzubrechen. Der heutige Tag des Ostara-Festes ist die beste Gelegenheit, dir aus der Energie der Natur neuen Schwung zu holen und dir frische Energie geben zu lassen.

Nimm dann deine Schale mit Erde und die Samen. Verstreue die Samen in der auf der Samenpackung angegebenen Tiefe und Menge in der Schale und sprich dabei: »In jedem Samen steckt ein Neuanfang. In jedem Keim steckt neues Leben. So wie diese Samen die Kraft haben, zu treiben und zu wachsen, so wünsche ich mir, die Kraft zu haben für...«(hier setzt du die Dinge, Pläne oder Ideen ein, für die du gerne neue Kraft hättest). Dann drücke die Samen etwas an oder bedecke sie mit einer dünnen Schicht Erde, je nach dem, was für diese Samen gerade gut ist, und begieße sie etwas mit Wasser.

Nun kannst du ein Frühlingslied singen oder frühlingshafte Musik auflegen. Bitte die Frühlingsgöttin dann um Kraft für dein kleines Pflänzchen und für dein Vorhaben. Du kannst auch um deine Erdschale herum tanzen.

Wenn du den Frühling genug gefeiert hast, verabschiede wieder die vier Elemente:

Du beginnst jetzt mit dem Element Erde im Norden, hältst zuerst die Erdschale hoch und gehst in umgekehrter Reihenfolge die Elemente durch. Du kannst etwa sagen:

»Ich danke dem Element Erde, dass es bei mir war und dass ich es erfahren konnte. So wie der Samen Erde braucht, so brauchen meine Pläne den Boden der Tatsachen und manchmal auch Geld zur Verwirklichung. Danke Element Erde, ich verabschiede mich von dir!«

Dann nimmst du die Muschel und sprichst nach Westen:

»Ich danke dem Element Wasser, dass es in meinem Kreis war und meine Samen benetzt hat. So wie der Samen Wasser braucht, so brauche ich auch die Kraft der Gefühle, um meine Pläne umzusetzen. Danke, Element Wasser, ich verabschiede dich.«

Dann nimmst du die Kerze und sprichst nach Süden:

»Ich danke dem Element Feuer, dass es bei mir war. So wie der Samen die wärmende Kraft der Sonne braucht, so brauche ich Wärme, Energie und Tatendrang, um meine Pläne umzusetzen. Danke Element Feuer, ich verabschiede dich.«

Dann nimmst du die Feder und sprichst nach Osten:

»Ich danke dem Element Luft, dass es bei mir war. So wie der Samen Nahrung aus der Luft zieht, so brauche ich meinen Verstand, einen frischen Geist und neue Ideen für meine Pläne. Danke Element Luft, ich verabschiede dich.«

Schließlich löst du den Schutzkreis auf, indem du dir vorstellst, dass sich das gelbe Energieband um dich wieder auflöst in lauter kleine gelbe Frühlingsblüten.

Feiere anschließend noch etwas, iss etwas oder singe und tanze noch ein bisschen, lass das Fest in dir nachklingen.

Nachbereitungen

Du kannst die Vase mit dem Strauß noch im Zimmer stehen lassen für ein paar Tage. Dein Schälchen mit Erde oder den Blumentopf stellst du am besten ans helle Licht, auf die Fensterbank und gießt und pflegst es die nächsten Tage und Wochen. Immer wieder, wenn du es gießt, kannst du an deinen Plan oder das Thema in deinem Leben denken, das neuen Schwung braucht. So wie ein Samen oder ein neues Pflänzchen Hege und Pflege braucht, brauchen auch unsere Pläne liebevolle Aufmerksamkeit, wenn sie wachsen oder gedeihen sollen. Dennoch kann es passieren, dass sich nicht alle Pläne verwirklichen lassen und nicht alle Samen erblühen. Das kann ein Zeichen dafür sein, dass dein Plan nicht die Zustimmung der Göttin hat oder dass du dein Pflänzchen oder deinen Plan nicht gut genug gepflegt hast. Manchmal wünschen wir uns zwar etwas, sind aber dennoch nicht bereit, alles uns Mögliche dafür zu tun. Manche Pläne verlangen schon hohen Einsatz, um verwirklicht zu werden, oder eben viel Geduld.

Kresse kannst du meistens schon nach wenigen Tagen ernten und als »seelische Kraftnahrung« für deine Pläne betrachten. Auf ein Butterbrot gestreut oder auf einem Käsebrot schmeckt sie köstlich. Die Sonnenblumenpflänzchen müsstest du irgendwann in den Garten oder auf den Balkon umsetzen, am besten erst ab Mitte Mai, wenn wirklich ganz sicher kein Frost mehr kommt.

Walpurgis / Beltane

Das Festthema

Walpurgis wird traditionell in der Nacht vom 30. April auf den 1. Mai gefeiert. Walpurgis ist die Feier des Höhepunktes des Frühlings. In der Natur herrscht frisches Grün vor, die Wiesen sind wieder saftig grün und mit Macht bricht das Grün auch aus Bäumen und Büschen. Das eher zaghafte Blühen in teilweise noch kalter, frischer Luft am Ostarafest weicht einem üppigen satten Blütenmeer. Die Sonne steht an Walpurgis im Zeichen Stier, das uns einlädt, die Erde in ihrer ganzen sinnlichen Schönheit zu genießen. In der alten keltischen Zeitrechnung, in der es nur ein Sommer- und ein Winterhalbjahr gab, zeigte Walpurgis den Beginn des Sommerhalbjahres an. Ebenso steht das im Jahresrad gegenüberliegende Fest Halloween für den Beginn des Winterhalbjahres. Beide Tage gelten als sehr bewährte und erprobte Tage, um Kontakt mit den Wesen und Geistern der *Anderswelt* aufzunehmen. Während an Halloween eher der Kontakt mit den Verstorbenen und den Ahnen gesucht wird, galt Walpurgis immer als ein wildes, rauschendes Fest, das sich zum Kontakt mit Tiergeistern eignet. Beide Feste zählen zu den bekanntesten Festen des Jahresfestzyklus und beide werden am ehesten mit Hexenenergie und Hexenverfolgung in Verbindung gebracht. Die Trauer um die Opfer der Hexenverfolgung hat jedoch eher an Halloween ihren Platz, wenn die Ahnen und Ahninnen angerufen werden. Walpurgis ist hingegen ein freudiges Fest, es geht um den Kontakt zur üppigen Fruchtbarkeit in der Natur und um die Feier der eigenen freien, wilden Lebenskraft. Es ist überliefert worden, dass an den Beltanefeuern der Kontakt mit der fruchtbaren Frühlingszeit gesucht wurde, indem Sexualität frei von allen Beziehungs-Bindungen ausgetauscht werden konnte. Jeder Mann konnte mit jeder Frau schlafen und umgekehrt, Frauen unter sich konnten Zärtlichkeit und Sexualität austauschen und keine Art der freiwilligen, lustvollen Sexualität war verboten in dieser Zeit. Im Rahmen der alten Rituale gab das Fest so die Möglichkeit, die sexuelle Kraft der Göttin und ihres gehörnten Gemahls frei zu erfahren. Die bei diesem Ritual gezeugten Kinder galten als Kinder der Götter, waren besonders gesegnet und wurden nicht eifersüchtig auf ihre leiblichen Väter hin beäugt.

Inwieweit wir in heutiger Zeit wieder einen Weg finden können, die volle sexuelle Wildheit dieses Festes zu feiern, wird in der Heidenszene oft diskutiert. In der Zeit der sexuellen und feministischen Revolution, die in den 1970ern begann, war es ein erklärtes Ziel der spirituellen Frauenbewegung, freie Sexualität an diesen Festen zu feiern, nackt zu tanzen und Sexualität auszutauschen. Heute in Zeiten von AIDS und in der berechtigten Angst vor Ansteckung sind viele wieder befangener, was diese Art der Feiern angeht. Der Zeit der sexuellen Revolution ist wieder eine neue Besinnung auf einen Treuebegriff gefolgt. Wenn durch den Druck der Gruppe eine nackte Feier des Festes erzwungen wird, kann das zu emotionalen Verletzungen führen. Vielleicht ist es möglich, durch andere Formen Wildheit und irdische Sinnlichkeit zu feiern, ohne uns zu zwingen, gesunde oder vertraute sexuelle Hemmschwellen zu überwinden. Eine Form kann das rauschhafte Tanzen in Trance sein. Eine andere Form kann z. B. eine Wunschrunde im Ritualkreis sein. Im geschützten Rahmen der Ritualgruppe kann sich jede etwas wünschen, was ihr gut täte und sie in ihrer Würde und Sinnlichkeit bestärkt. Für die eine kann das eine sinnliche Massage sein. Eine andere Frau ist vielleicht schon mehr als berührt, wenn alle nur für sie ein Lieblingslied von ihr singen. Die gegenseitige Achtsamkeit im Ritualkreis ist hier besonders wichtig. Nur so kann jede sich trauen, sich soweit entfalten, wie sie gerade kann und will.

Der bürgerliche Tanz in den Mai, der auch an vielen Orten in dieser Nacht stattfindet, ist eine abgeschwächte und verweltliche Form der alten Frühlingsfeiern. Eine politische Form der Walpurgisfeier sind die Walpurgisnachtdemonstrationen, in denen die Frauen mit viel Krach und Lärm die Freiheit der Nacht zurückfordern. Sie weisen damit auf die Ängste vieler Frauen hin, die sich nachts in den Städten nicht trauen, sich frei zu bewegen. Viele Frauen fürchten, belästigt oder vergewaltigt zu werden, wenn sie nachts alleine unterwegs sind. Inzwischen gibt es auch einige Mittelalterfeste an diesen Tagen, wo man sich in mehr oder weniger historischen Kostümen trifft. Vielen von uns macht es großen Spaß, sich so zu verkleiden. Ich neige aber dazu, mir das Programm dieser »Mittelalterfeste« vorher genau anzusehen. Ich könnte an keinem Mittelalterfest mit Freude teilnehmen, an dem ein Hexenprozess oder gar eine Hexenverbrennung »nachgespielt« wird. Ich könnte keinen dieser nachgespielten Hexenprozesse mit ansehen, ohne dass mir nicht geradezu körperlich übel wird vor

Trauer und Schmerz um die vielen Frauen, Schwestern und Ketzer, die dieses Schicksal erdulden mussten.

Vorbereitung

Mache vielleicht vor dem Fest wieder einen kleinen Spaziergang, bei dem du ein paar frische Zweige Maigrün pflückst. Tanke dich regelrecht auf mit der grünen Energie der Natur. Schwelge mit deinen Augen in der grünen Farbenpracht. Lasse dir außerdem in den Tagen vor Walpurgis durch den Kopf gehen, was für dich »Hexe sein« bedeutet, bedeuten könnte oder auch nicht bedeutet. Lies dazu vielleicht noch mal das Kapitel am Anfang des Buches: »Wie werde ich eine Hexe?« Lege dir zum Fest dann wieder etwas zum Schreiben zurecht oder zum Malen, je nach dem, was dir mehr liegt. Lege dir auch etwas zu essen und zu trinken zurecht. Wenn du es magst, ist Waldmeister das typische Kraut der Jahreszeit. Eine Waldmeisterbowle oder ein Wackelpudding mit Waldmeistergeschmack sind für viele eine typische Festspeise. Ich selbst bevorzuge eher die herzhaften grünen Kräuter, also einen Quark mit frischen grünen Kräutern oder eine Kräutersuppe.

Wenn du den Schutzkreis nicht visualisieren, sondern mit Blüten auslegen willst, musst du vorher ein paar Blüten sammeln. Wenn du deinen Körper im Ritual mit einer schönen Hautlotion oder Creme einreiben willst, musst du dir auch vorher eine Creme zurechtlegen. Ebenso kannst du dir eine Musik vorher aussuchen, zu der du gerne tanzt.

Dekoration

Da grün in der Natur in dieser Zeit die vorherrschende Farbe ist, empfehlen viele Wicca eine in Grün gehaltene Dekoration. Also eine grüne Serviette oder Kerze, oder eine rosa Serviette (Farbe der Apfelbaumblüte dieser Zeit) mit einer grünen Kerze. Auf alle Fälle solltest du dir ein paar Maizweige mit frischem Grün und Blüten von Bäumen oder Büschen holen und in eine Vase stellen. Viele Wicca feiern das Fest als Hochzeit des gehörnten Gottes, des wilden grünen Waldgottes, mit der Göttin. Dann werden als Symbol für den Gott grüne Kerzen und als Symbol für die Göttin rote Kerzen genommen. Entsprechend werden grüne Zweige gerne mit den ersten roten oder rosa Blüten der Jahreszeit kombiniert.

Du kannst außerdem kleine Bilder oder Skulpturen von Tieren in die Mitte legen, die du magst oder die du faszinierend findest. Außerdem legst du alles hin, was für dich ein Hexensymbol ist. Das kann ein kleiner schwarzer Kater sein, ein Hexenpüppchen oder ein Besen, ein Pentagramm oder eine Zeichnung von einer wild und frei wirkenden Frau mit roten Haaren. Wichtig ist nur, dass es dich zum Thema »Hexe« anregt. Wenn möglich, dusche vor dem Ritual. Wenn du alles dekoriert und bereitgelegt hast, sorge dafür, dass du ein bis zwei Stunden ungestört sein kannst.

Der Ritualablauf

Entzünde die Kerzen und lass die Dekoration auf dich wirken.

Dann räuchere dich und den Raum aus als Reinigung. Für Walpurgis würde ich einen sinnlichen Räucherduft nehmen, also z. B. Räucherstäbchen mit Sandelholz oder Patchouli, aber nur, wenn du den Duft auch magst!

Bilde einen optischen Schutzkreis um dich und die Ritual-Mitte oder den Altar, indem du entweder einen Kreis aus Blüten um dich legst, oder visualisierst. Beim Visualisieren stelle dir hinter dir wieder rosa Blüten vor, die du dann in einem Kreis um dich visuell bewegst. Stell dir dabei vor, dass sie eine Spur aus rosa und goldenem Blütenstaub um dich und die Kreismitte herum ziehen, die dich als Schutzkreis umgibt.

Dann kannst du die vier Elemente anrufen, z. B. mit den folgenden Worten.

Wende dich zuerst nach Osten und sprich: »Ich rufe das Element Luft aus dem Osten. Ich rufe die lauen Lüfte, die Blütendüfte und die Frühlingsstürme. Kommt in meinen Kreis.«

Wende dich dann nach Süden und sprich: »Ich rufe die Kraft des Feuers aus dem Süden, die wärmende Frühlingssonne und die Leidenschaft der Liebe. Komm in meinen Kreis!«

Wende dich dann nach Westen und sprich: »Ich rufe die Kraft des Wassers aus dem Westen, den milden Frühlingsregen und die heftigen Aprilschauer. Die Pflanzen sehnen sich noch nach viel Wasser in dieser Zeit, kommt in meinen Kreis!«

Dann wende dich nach Norden und sprich: »Ich rufe die Kraft der Erde aus dem Norden. Ich rufe die Kraft der satten, fruchtbaren Frühlingserde, die den Pflanzen jetzt Nahrung gibt, ihr leuchtendes Grün zu entfalten. Komm in meinen Kreis!«

Dann kannst du einen Text sprechen, der das Besondere des heutigen Tages betont, wie:

»Heute ist Walpurgis. An vielen Stätten der Erde feiern Männer und Frauen heute die Frühlingskraft der Erde. Wir erinnern uns an die Beltanefeuer, die in alter Zeit ein Zeichen für die freie, wilde Lebenskraft der Göttin waren. In dieser Nacht ist die Hexenkraft für uns alle stärker spürbar als in anderen Nächten des Jahres. Wir ehren unseren Mut und unsere Kraft, die alte Religion auch in der heutigen Zeit leben zu wollen. Wir ehren die Kraft von Mutter

Erde. Wir ehren die ersten Früchte des Jahres, die ersten wilden Kräuter, Spargel und Rhabarber, die von jetzt an bis zur Sommersonnenwende geerntet werden können. Wir ehren unsere Körper, die sich nach Liebe und Sinnlichkeit sehnen. Die Kraft der Liebe und der Sinnlichkeit ist eine Kraft der Göttin.«

Wenn du willst, kannst du auch eine Bitte an die Frühlingsgöttin richten, wie:

»Göttin des Frühlings, lass mich offen werden für deine Sinnlichkeit, für die Liebe, das Grünen und Blühen in der Natur, lass auch in meinem Leben ... (hier kannst du etwas ergänzen, wovon du dir wünschst, dass es erblüht und reift oder was für dich zum Thema Liebe gerade wichtig ist) erblühen und reifen.«

Dann ziehe dich aus, nimm das Hautöl und creme nach und nach deinen Körper ein. Sage dir dabei, z. B. wenn du einen Arm einreibst: »Ich ehre meinen Arm. Er ist schön und ich pflege ihn gerne. Mein Arm ist ein Zeichen der Göttin der Liebe.« Du kannst aber, wenn du willst, auch nur deine Arme einreiben. Oder deinen ganzen Körper und ihn dabei ehren und segnen. Wenn du willst, kannst du nackt tanzen oder dich zum Tanzen wieder anziehen. Höre dabei ganz auf dein Gefühl, was dir angenehmer ist. Zwinge dich zu nichts, bei dem du dich nicht wirklich wohl fühlst.

Lege dir dann Musik auf und tanze zur Musik, hopse ein bisschen herum, genieße es, deinen Körper beim Tanzen zu spüren. Schaue beim Tanzen immer wieder auf die Hexensymbole in der Mitte. Mache dir klar, dass sich heute viele Frauen und Männer auf der Welt zu einem wilden Tanzfest treffen. Wenn du dich ausgetanzt hast, kannst du dich ausruhen, deinen Atem wieder ruhiger fließen lassen. Wenn du willst, kannst du dann ein Bild malen, wie eine

Hexe für dich aussieht. Oder du kannst das Schreibzeug nehmen und möglichst viele Sätze schreiben, die anfangen mit »Eine Hexe ist...«. Schreibe so viele Sätze mit diesem Anfang auf, wie dir einfallen. Schreibe alles auf, auch wenn es völlig verrücktes Zeug ist, was dir einfällt. Schreibe so lange, wie du kannst und wie dir etwas dazu einfällt, bis du dich leer geschrieben hast.

Dann nimm dir den Zettel, den du beschrieben hast und lese ihn dir selbst vor. Statt des Wortes »Hexe« setzt du jetzt beim Lesen aber das Wort »Ich« ein. Lass dich vorher beim Schreiben nicht zu sehr davon beeinflussen, dass du ja nun schon weißt, dass diese Veränderung des Textes später kommt. Lese dir dann den ganzen Text immer mit dem Satzanfang »Ich bin...« durch. Lass es einfach auf dich wirken. Mogele nicht beim Vorlesen, indem du Sätze weglässt. Hör dir einfach selbst zu, wie das für dich klingt, was für Möglichkeiten in dir stecken, wenn du dich traust, den alten magischen Weg zu gehen.

Wenn du willst, kannst du danach noch etwas tanzen oder nur Musik hören. Du kannst auch deine Gedanken nach dieser Übung noch einmal auf Papier festhalten. Wenn du merkst, dass deine Stimmung abflaut und die Energie nachlässt, dann verabschiede die vier Elemente wieder in umgekehrter Reihenfolge.

Löse dann den Blütenkreis auf, indem du die Blüten wieder einsammelst oder dir bildlich vorstellst, wie der Kreis aus Blütenstaub vom Wind in alle Richtungen zerblasen wird. Feiere dann noch etwas, esse eine Kleinigkeit, kehre zur Alltagsverfassung zurück.

Nachbereitung

Wenn es dir gut tat, wiederhole es in Zukunft öfter, dass du dich nach dem Duschen in diesem besonderen

Bewusstsein einölst. Diese Übung heißt Eigensegnung. Es kann sein, dass es am Anfang noch ungewohnt ist und dass es eine Zeitlang dauert, bis du deinen Körper zu lieben beginnst. Gerade in der Jugend verändert sich der Körper ja stark und es ist oft schwer für Mädchen oder junge Frauen, ihren Körper so zu lieben, wie er ist.

Den Text würde ich an einer sehr geschützten Stelle aufbewahren und vielleicht in einem Jahr beim gleichen Fest wieder lesen. Wenn du ein Bild gemalt hast, überlege dir, ob du es aufhängen willst oder auch lieber sicher in der Schublade verwahrst.

Sommersonnenwende / Litha

Das Festthema

Die Sommersonnenwende markiert den längsten Tag des Jahres. Astrologisch gesehen wechselt die Sonne an diesem Tag vom Zeichen Zwillinge in das Zeichen Krebs. Auch dieser Tag kann in jedem Jahr etwas anders liegen, meistens um den 21. Juni herum, in gängigen Kalendern wird der Tag als Sommeranfang notiert. Die Sommersonnenwende ist das höchste Fest der Lichtenergie, der Höhepunkt der Sonnenlaufbahn. Die Sonne geht an diesem Tag sehr früh im äußersten Nordosten auf und sehr spät im Nordwesten unter. In nördlichen Breitengraden geht die Sonne für einen Tag oder sogar eine Woche lang gar nicht unter, es gibt eine Mitternachtssonne (ab dem 66,5. Breitengrad). Wenn du kannst, ist es wieder interessant, an diesem Tag einen Sonnenaufgang oder Sonnenuntergang zu beobachten und dir den Punkt am Horizont zu merken, sei es anhand eines Berges oder Gebäudes. Von diesem Tag an werden die Tage erst unmerklich, aber dann nach einigen Wochen doch spürbar wieder kürzer. Dennoch beginnt in unseren Breitengraden erst nach diesem Fest die typische sommerlich-heiße Zeit. Im bäuerlichen Jahr bedeutet Sommersonnenwende z. B. das Ende der Spargel- und Rhabarbersaison und meistens den Beginn der einheimischen Erdbeerernte. Johannisbeeren und Johanniskraut sind erntereif, benannt nach dem christlichen Feiertag Johannis am 24. Juni. Der Johannistag sollte von der Energie dieses heidnischen Festes ablenken und eine christlich veränderte Form dieses Festes bieten. Johannisbeeren gibt es in den drei Farben der Göttin. Es gibt Büsche mit reifen weißen, roten und schwarzen Beeren.

Johanniskraut ist eine Pflanze, die in besonderer Form die Energie der Sommersonne speichert und daher bei einer leichten Winterdepression sehr hilfreich ist. Man kann sie als Tee getrocknet verarbeiten oder in Ölauszügen. Sie enthält ein natürliches Antidepressivum. Johanniskraut darf aber nicht im Sommer eingenommen werden, da es die Haut zu lichtempfindlich macht. Es macht einen so offen für die Sonnenenergie, dass man viel schneller einen Sonnenbrand bekommt, wenn man es einnimmt.

Da im Mittelpunkt des Festes die Feier der Sonnenenergie steht, sind auf dem Land früher helle Feuer auf den Bergen in der Nacht angezündet worden. Außerdem wurden Strohballen angezündet und als Sonnenräder zu Tal gerollt. Natürlich wurde das nur gemacht, wenn die Waldbrandgefahr gering genug war. Auch wenn wir uns in unseren Breitengraden oft nach der Wärme der Sonne sehnen, war die Hitze in den Mittelmeerländern viel größer, sodass auch eine zerstörerische, sengende Kraft der Sonne erfahrbar war. Wir erkennen eher im Kleinen am Sonnenbrand die Gefahr von übermäßiger Sonnenenergie. Genauso nötig wie die Wende der Sonnenbahn am Julfest, damit das Licht zurückkommen kann, ist die Wende der Sonnenbahn im Sommer, damit die Hitze der Sonne die Felder nicht verbrennt.

Da zur Sommersonnenwende die Nacht sehr kurz ist, eignet sie sich dazu, die Nacht durchzufeiern, lange am Feuer zu sitzen, den Zauber der Nacht zu genießen und sich Geschichten zu erzählen.

Die Sommersonnenwende wurde oft für Liebeszauber und Hochzeitsrituale genutzt. Der Monat Juni ist die Zeit der Rosenblüte, der Blume der Liebe. Das einheitliche saftige Grün in der Natur um Walpurgis herum ist einem Meer aus Blüten, einem dunkleren Grün und ersten Früchten des Jahres gewichen. Auch die ersten Mohnblüten sind in diesem Monat in den Feldern zu sehen. Ein einfacher Liebeszauber drückt sich z. B. aus im gemeinsamen Sprung eines Paares über das Sonnenwendfeuer, was der Liebe besonderen Segen geben soll. An Walpurgis wurde die Liebesgöttin eher in ihrer freien, wilden, fruchtbaren Kraft gefeiert. Bei der Sonnenwende geht es eher um die sanfteren Seiten der Liebe wie Treue oder romantische Gefühle. Das können Liebesrituale für ein Paar an diesem Tag sein, der auch ideal ist für ein Hochzeitsritual. In alter Zeit wurden auch Rituale für die Treue des Königs zu seinem Land gefeiert. Dazu vereinigte sich der König mit der Priesterin, was das Volk als die Hochzeit des Königs mit seinem Land feierte. Diese heilige Hochzeit sollte den König auf tiefe Weise an das Schicksal seines Landes, seines Volkes und die Pflege der heiligen Kulte binden.

Die Sommersonnenwende ist sowohl das Fest der Hochzeit wie aller Hoch-Zeiten in unserem Leben. Die Wendepunkte der Sonnenbahn sind eine gute Möglichkeit, uns im Ritual daran zu erinnern, dass es auch in unserem Leben Höhepunkte, Tiefpunkte und Wendepunkte gibt. Die Feier der Sonnenfeste erinnert daran, dass das einzig Bleibende der Wandel ist. Die großen Höhepunkte oder Tiefpunkte (die Sonnenwenden) oder die wenigen Tage, an denen alles im Gleichgewicht ist (die Tag-und-Nacht-Gleichen), sind im Leben wie in der Sonnenbahn nur kurze Momente. Die vielen Tage, an denen wir eine Mischung aus all dem erleben, sind der Hauptbestandteil des Lebens und des Jahres.

Dekoration

Wenn irgend möglich, ist dieses Fest eine gute Gelegenheit, draußen zu feiern. Allerdings spielt das Wetter natürlich nicht immer mit! Wenn es also einigermaßen trocken oder sogar sonnig ist, suche dir in den Tagen vor dem Fest eine schöne Stelle draußen, eine ruhige Ecke in einem Park oder auf dem Feld oder im Garten, wo du feiern willst. Wenn es natürlich in Strömen gießt, feiere lieber drinnen. Zwinge dich nicht, dann trotzdem raus zu gehen, es sei denn, du hast gute wetterfeste Kleidung. Im strömenden Regen ist für die meisten von uns die Sommersonnenenergie schlechter zu spüren.

Wenn du draußen feierst, kann die Festdekoration sehr sparsam sein. Als Festmitte reicht dann vielleicht schon eine einzelne rote Blüte, wie eine Rose, ein rotes Tuch oder eine rote Serviette und ein Räucherstäbchen. Wenn du draußen feierst, stehst du ja schon mitten in der Sommerfülle. Wenn du drinnen feierst, kann es ruhig auch üppiger sein: Dann kannst du zu dem roten Tuch rote Blüten und Früchte der Jahreszeit legen, z. B. Erdbeeren oder Johannisbeeren. Du kannst auch selbst wieder etwas Rotes anziehen, ein rotes T-Shirt oder auch nur eine rote Haarschleife. Im Zimmer kannst du auch eine rote Kerze anzünden, für draußen würde ich eher ein Windlicht nehmen. Du brauchst aber in der freien Natur nicht unbedingt Kerzen anzünden, da ja die sengende Kraft der Sonne als Feuerkraft und Licht erfahrbar ist. Falls du draußen mit einem Windlicht arbeitest, sei mit dem Feuer sehr achtsam. Besser ist es, wenn du von vornherein eine Plastikflasche mit Wasser zur Sicherheit mitnimmst. Falls es schon einige Wochen sehr trocken war, musst du unbedingt darauf achten, dass kein Funke aus deiner Feuerstelle überspringt.

Vorbereitung

Als geistige Vorbereitung auf das Fest ist es wichtig, dass du nachdenkst und nachspürst, was so in deinem Leben die Höhepunkte und Tiefpunkte des letzten Jahres (seit der letzten Sommersonnenwende) waren. Du kannst dir überlegen, für was du in deinem Leben dankbar sein kannst. Manchmal sind wir auch für die Tiefpunkte in unserem Leben dankbar, weil sie zu einer Veränderung führten. Die Tiefpunkte können ebenso Wendepunkte sein, weil sie dazu führten, dass wir endlich die Energie hatten, etwas zu verändern. Dankbarkeit ist eine ganz wichtige Grundlage der Spiritualität. Sie schützt uns vor Verbitterung und Groll. Nur durch Dankbarkeit können wir schon die kleinen Veränderungen und Fortschritte anerkennen, die wir mit Blick auf die großen Ziele oft übersehen. Wenn du zum Zeitpunkt des Rituals leider gerade an einem seelischen Tiefpunkt bist, kannst du das Fest nutzen, um deine Hoffnung zu stärken, dass alles sich wendet. Du kannst dich im Ritual daran erinnern, was es dennoch an positiven Dingen im Alltag gibt. Falls dir das schwer fällt, bitte die wärmende Kraft der Sommersonne, dein Leben wieder mit Licht und Hoffnung zu erfüllen. Bade im Sonnenlicht.

Wenn du drinnen feiern möchtest, lege dir Schreibzeug zurecht oder dein magisches Tagebuch. Wenn du draußen feiern möchtest, nimm etwas mit, was du der Natur als Dankopfer geben willst. Das können natürliche Nahrungsmittel sein, z. B. Weizenkörner für die Tiere, getrocknete Erbsen oder Bohnen. Es kann aber auch ein schöner Stein oder ein kleiner Ohrring von dir sein. Auf keinen Fall solltest du einen größeren Gegenstand als »Dankopfer« in der Natur zurücklassen, der sich nicht harmonisch in die Natur einfügen, sondern von anderen Menschen eher als Umweltverschmutzung betrachtet werden würde. Ich meine, es tut der Natur sicher nicht gut, wenn du dort alte Puppen oder Teddybären entsorgst oder Berge von Teelichtern liegen lässt. Falls du in einer Großstadt lebst, wo das Füttern von Tauben streng verboten ist, kannst du leider auch Schwierigkeiten bekommen, wenn du großzügig Weizenkörner im Park verteilst. Dann solltest du dir eher einen Stein, eine Feder oder eine schöne Muschel aus dem letzten Strandurlaub als Dankopfer aussuchen.

Außerdem brauchst du wieder etwas Räucherwerkzeug und für die Erdung nach dem Fest etwas zu essen. Wenn du im Zimmer feierst, kannst du dir zum Schreiben auch eine Musik zurechtlegen, die deinen Gedankenfluss anregt oder die eine dankbare Stimmung für dich ausdrückt. Es kann auch eine Musik oder ein Song sein, der dich an den Moment erinnert, für den du am dankbarsten bist. Sorge vor dem Ritual dafür, dass du wieder für ca. eine Stunde ungestört sein kannst. Wenn du draußen feierst, kann ein Kompass ganz nützlich sein, um dich für die

Himmelsrichtungen besser orientieren zu können. (Solche technischen Hilfsmittel sind durchaus erlaubt!!)

Der Ritualablauf

Wenn du dekoriert hast, lass die Dekoration einen Moment auf dich wirken. Dann entzünde die Kerze und räuchere ein bisschen. Atme den Duft ein, lass dich von ihm in eine angenehme, meditative Stimmung versetzen und stell dir vor, wie der Rauch deine Alltagsgedanken und Alltagssorgen mit sich fortträgt. Lass dich vom Rauch des Räucherstäbchens oder vom Geruch deiner Aromalampe reinigen. Spüre für einen Moment bewusst die Erde oder deinen Zimmerboden unter deinen Füßen. Bitte die Erde, dich in dem Ritual zu halten und zu tragen.

Dann ziehe in Gedanken einen Schutzkreis um dich, indem du dir hinter dir ein rotes Wollknäuel bildlich vorstellst. Stell dir vor, wie du aus dem Wollknäuel einen roten Faden ziehst und aus dem Faden einen Kreis um dich herum legst. Verknote den Faden hinter dir. Stell dir bildlich vor, wie du in einem roten Kreis stehst und geschützt bist. Das wird dir helfen, weniger gestört zu werden oder zumindest auf Störungen wachsamer reagieren zu können. Wenn dir diese Arbeit mit bildlichen Vorstellungen schwer fällt, kannst du den Kreis auch mit einem richtigen Wollfaden legen.

Dann rufe die vier Elemente an, z. B. mit den folgenden Worten:

Du wendest dich zuerst nach Osten und sprichst: »Ich rufe das Element Luft aus dem Osten. Ich rufe die warme Sommerluft voller Blütendüfte und Süße. Kommt in meinen Kreis.«

Wende dich dann nach Süden und sprich: »Ich rufe die Kraft des Feuers aus dem Süden, die heiße Sommersonne und das Feuer der Sonnenwenden. Kommt in meinen Kreis!«

Wende dich dann nach Westen und sprich: »Ich rufe die Kraft des Wassers aus dem Westen, der Regen der heftigen Sommergewitter und das erfrischende kühle Nass an warmen Tagen. Kommt in meinen Kreis!«

Dann wende dich nach Norden und sprich: »Ich rufe die Kraft der Erde aus dem Norden. Ich rufe die Kraft der fruchtbaren Felder und die Kraft der Sommerfrüchte. Kommt in meinen Kreis!«

Dann kannst du einen Text oder auch nur ein, zwei Sätze sprechen, die das Besondere des heutigen Tages betonen:

»Heute ist der Tag der Sommersonnenwende. Heute ist der längste Tag des ganzen Jahres. Ab heute werden die Tage wieder kürzer. Auf der ganzen Welt feiern Menschen den Höhepunkt der Sonnenbahn. Sie feiern die Nacht durch oder entzünden Feuer in der Nacht. Sie feiern die Sommergöttin in ihrer Fülle, die das Land mit ihrer Wärme und ihrem Strahlen erfüllt. Vor uns liegen die wärmeren Wochen des Jahres. Wir freuen uns aufs Schwimmen gehen oder auf Gartenfeste, bei denen wir noch lange in lauer Sommerluft draußen sitzen können.

So wie die Sonne heute den Höhepunkt ihrer Bahn erreicht, sich dann aber wenden muss, will auch ich an die Höhe- und Wendepunkte in meinem Leben denken.«

Wenn du im Zimmer feierst, kannst du jetzt deine Musik anmachen und dein Schreibzeug nehmen. Du versuchst, deine Dankbarkeit schriftlich auszudrücken. Dabei kann es dir helfen, wenn du versuchst, die Sätze beginnen zu lassen mit »Ich bin dankbar für...«. Schreibe so viele Sätze, wie du kannst, die so anfangen. Du kannst auch aufschreiben, was die Höhepunkte und Tiefpunkte im letzten Jahr für dich waren. Versuche, für beides dankbar zu sein. Versuche, herauszufinden, was beides für dich in deiner Entwicklung Gutes gebracht hat.

Wenn du draußen feierst, nimmst du nun dein Dankopfer vor. Du sprichst laut oder halblaut aus oder denkst leise, wofür du danken möchtest. So kannst du sagen: »Ich danke für meine neue Freundin (Name nennen).« Oder: »Ich danke für den Streit mit meiner Freundin. Er tat zwar weh, aber danach kamen wir uns näher und verstehen uns heute viel besser.« Nach jedem Satz des Dankes verstreust du ein paar Körner oder Erbsen auf die Erde. Dabei kannst du auch das Leben, Mutter Erde oder die Göttin direkt ansprechen, wenn du willst. Du kannst etwa sagen: »Ich danke Mutter Erde, dass ich immer genug zu essen habe und keinen Hunger leiden muss.« Der Sinn des Dankopfers oder Dankgebetes kann auch sein, zu erkennen, wie viel Gutes es in deinem Leben gibt. Manche Dinge sind für dich ohne dieses bewusste Ritual vielleicht einfach selbstverständlich. Aber nicht alle Menschen auf der Erde haben genug zu essen, weil die Menschen die Früchte der Erde sehr ungerecht verteilen. Wenn du einen kleinen Stein als Dankopfer der Erde zurückgeben möchtest, legst du ihn am Ende des Dankgebetes in die Erde.

Setze das Dankgebet oder das Schreiben dankbarer Sätze so lange fort, bis es in dir ausklingt und du glaubst, alles ausgedrückt zu haben. Dann räuchere noch ein wenig. Stell dir vor, wie dein Gebet der Dankbarkeit sich mit dem Duft oder dem Rauch in der Welt verteilt und wie die Kräfte der Dankbarkeit sich vermehren gegen die Kräfte des Grolls, der Unzufriedenheit oder der Achtlosigkeit. Wenn du willst, kannst du auch noch eine Bitte an die Sommergöttin richten.

Dann verabschiede die vier Elemente wieder in umgekehrter Reihenfolge und löse den Energiekreis wieder auf, indem du dir den Kreis aus Wolle noch einmal bildlich vorstellst. Löse den Knoten und rolle in deiner bildlichen

Vorstellung den Faden wieder auf das Wollknäuel. Trinke dann einen Schluck Wasser, esse eine Kleinigkeit, feiere oder tanze ein bisschen. Löse dich aus der meditativen Stimmung und kehre in den Alltag zurück.

Nachbereitung

Wenn du wegen des Wetters zunächst im Zimmer gefeiert hast, kannst du das Dankopfer draußen in der Natur an einem anderen, sonnigen Tag nachholen. Bewahre dein magisches Tagebuch oder dein schriftliches Dankgebet gut auf. Wenn du mal wieder einen völlig frustigen Tag hast, an dem dir nichts zu gelingen scheint oder du meinst, in deinem Leben ginge immer alles schief, dann kannst du dein schriftliches Dankgebet wieder hervorholen. Es kann dich daran erinnern, dass es in jedem Leben Höhe- und Tiefpunkte gibt und dass alles sich wandeln muss. Es kann dich an die vielen scheinbar selbstverständlichen Dinge in deinem Leben erinnern, wie die Früchte der Mutter Erde, an denen wir hier in Europa keinen Mangel leiden müssen.

Schnitterinnen- oder Kräuterweihfest / Lammas / Lugnasad

Das Festthema

Schnitterin ist das Fest in der Zeit der Korn- und Kräuterernte in Mitteleuropa. Der Festtermin ist traditionell der 2. August, an manchen Gegenden auch der 15. August. Die katholische Kirche legte auf den 15. August ein Marienfest, Maria Himmelfahrt. So wurde aus dem alten Fest der Göttin wie so oft ein Marienfest, an dem in vielen süddeutschen Dörfern die Altäre noch heute mit Kräutersträußen geschmückt werden. Gerste ist meistens bereits zwei Wochen vor dem 2. August erntereif, da Gerste schon im Herbst gesät werden kann und als zarte Pflanzen überwintert. Lammas war das Fest des ersten Brotes, das aus der neuen Getreideernte gebacken werden konnte. Wenn klar war, wie die Getreideernte des Jahres ausgefallen war, konnten die Bauern planen, wie viel Vieh und wie viele Mägde und Knechte sie durch den Winter hindurch ernähren konnten. So war Schnitterin schon immer ein Fest der Ernte und der Fülle. Es war ein Schlachtfest. Denn das Vieh, das nicht durch den Winter kommen würde, wurde geschlachtet und zu Schinken, Speck und Würsten verarbeitet. Es wurde gefeiert, aber es gab auch viele Abschiede. Die Erntehelfer, die Tagelöhner und Mägde, die nicht den Winter über ernährt werden konnten, wurden ausbezahlt und mussten wieder auf Wanderschaft gehen. Die alten Volkslieder dieser Zeit handeln so von Ernte und Fülle, aber auch von der Vergänglichkeit von Liebe und Freundschaft, also von Abschied und Trennung.

Das wogende Gold der Kornfelder weicht dem kahlen Stoppelfeld. Die Freude an der Fülle des Sommers kippt im Ernteschnitt um in eine Ahnung des Todes. Das Getreide muss sterben, damit wir leben können. Herbst wird spürbar, auch wenn es noch viele goldene, heiße Sommertage im August geben kann. Mit dem 2. August beginnen außerdem die Frauendreißiger, eine Zeit von dreißig Tagen, in der viele einheimische Heilkräuter erntereif sind. Dem Fest wird der Übergang von der roten Sommergöttin zur schwarzen Herbstgöttin zugeordnet, deswegen sind die Farben des Festes rot und schwarz.

Vorbereitung

Du brauchst zwei rote Bänder oder einen langen roten Wollfaden, ein Geschenkband oder eine lange rote Schleife. Wichtig ist, dass es lang genug ist zum Umwickeln des Kräutersträußes und noch zum Aufhängen! Als Schneidinstrument wird ideal und klassisch eine Sichel benutzt, mit der früher Gras-, Kräuter und Getreide geschnitten wurden. Für den Anfang reicht aber für das Ritual jedes Schneidinstrument von der Nagelschere über die Küchenschere bis zu einem kleinen Küchenmesser. Die Sichel hat allerdings den Vorteil, dass sie von ihrer Form her bereits ein Mondsymbol ist. Das Fest wird dem abnehmenden Mond zugeordnet.

Zur inhaltlichen Vorbereitung auf Kräuterweih ist es ideal, sich Wissen über Kräuter anzueignen und sich dazu auszutauschen. Vielleicht findest du etwas darüber in deinem Biologiebuch. Oft gibt es auch in Apotheken preiswert oder sogar kostenlos Informationsmaterial über Kräuter. (Über die Apothekenzeitschrift gibt es auch eine Homepage, auf der Einiges zu Kräutern zu entdecken ist, www.GesundheitPro.de.) Vor oder nach dem Fest kannst du dir Zeit nehmen, etwas über Kräuter in Erfahrung zu bringen. Wenn du mit deinen Freundinnen feiern solltest, kann jede etwas Wissen über ein Kraut sammeln und ihr erzählt es euch gegenseitig.

Wilde Heilkräuter, die leicht zu finden sind und große Heilkraft haben, sind z. B. Kamille, Spitz- und Breitwegerich, Schafgarbe, Johanniskraut, Königskerzen, Beifuß, Taubnesseln, Rheinfarn, Goldraute.

Der Blick für Kräuter kommt mit der Zeit. Die Suche nach Kräutern schult dich darin, die Welt mit anderen Augen zu sehen. Was du vielleicht vorher für Unkraut gehalten hast, erkennst du im Laufe der Zeit als Heilkraut. Kräuter findest du häufig am Feld- und Wegesrand, an Böschungen, gut sind auch Schuttplätze oder verwilderte Gärten oder brachliegende Flächen an Bauplätzen, aber es können auch Kräuter aus dem Garten sein. Pflanzen mit eher symbolischer Kraft sind z. B. Disteln, wenn du etwas kratzbürstiger werden willst... Gartenpflanzen mit großer Heilkraft sind z. B. Ringelblume, Rose, Melisse, Lavendel, Pfefferminze und Rosmarin.

Du kannst für deinen Strauß Kräuter wählen, die gut duften, schön aussehen oder dir schon bei Krankheiten geholfen haben. Es geht in diesem Ritual weniger darum, Kräutervorräte für Tees zu ernten, sondern eher um eine symbolische, spirituelle Kräuterernte. Der Kräuterstrauß, den du an diesem Fest im Ritual bindest, ist eine Art Schutzamulett für das folgende Jahr. Du erntest aus der Fülle des Sommers, um gut über den Winter zu kommen.

Eine weitere Vorbereitung ist, dass du herausfindest, wo du Kräuter schneiden willst, und dass du dir einen ruhigen Ort für dein Ritual suchst. Gut ist ein Start im Garten, aber du kannst auch im Zimmer beginnen. Lege dir evtl. eine Musik für später zurecht oder einen Text, den du sprechen möchtest. Lege dir für eine Feier nach dem Fest etwas zu essen und zu trinken zurecht.

Dekoration

Die Festdekoration folgt den Farben rot und schwarz. Du kannst z. B. eine rote Serviette und eine schwarze Kerze oder ein schwarzrotes Tuch und eine rote Kerze in einem tropfsicheren Kerzenständer nehmen. Außerdem brauchst du Streichhölzer. Auf das rote Tuch legst du auch dein Schneidewerkzeug und das rote Band oder die rote Wolle, die du später benutzen willst.

Statt der roten Serviette kannst du auch ein einfaches rotes Tuch, ein Kopftuch oder Tischtuch nehmen. Ideal ist eine Kleidung in roten und schwarzen Farbtönen. Vielleicht hast du ein rotes T-Shirt oder kannst dir ein rotes Band ins Haar machen oder roten Nagellack auftragen, nur damit du auch etwas Rotes an dir hast. Du kannst zur Festdekoration bereits frische Kräuter und zwei oder drei Kornähren bereitlegen. Du kannst aber auch erst im Ritual auf Kräuterernte gehen. Wenn du das Fest zum zweiten Mal feierst, lege außerdem den alten Kräuterstrauß vom letzten Jahr bereit. Auch Früchte und Gemüse der Jahreszeit passen auf deinen Altar bzw. in deine Ritualmitte, z. B. Tomaten, Frühäpfel oder Brombeeren.

Als geistige Vorbereitung auf das Fest nimm dir etwas Zeit, um zu spüren oder zu überlegen, wo du in deinem jetzigen Leben so etwas wie eine Ernte spüren kannst. Oder überlege: Wo gibt es einen Schnitt in meinem Leben, einen Abschnitt, der zu Ende geht, oder eine Trennung, einen Abschied? Das kann einfach ein Schuljahr sein, das zu Ende geht, oder eine Liebe, die zerbrochen ist, oder eine Freundschaft, die nicht mehr lebendig ist.

Der Ritualablauf

Vor dem Ritual reinige dich, indem du duschst oder etwas räucherst. Spüre einen Moment bewusst den Kontakt deiner Füße mit der Erde oder dem Fußboden und bitte die Erde, dich zu tragen und zu halten. Zur Einstimmung zünde die Kerze an, bleibe einen Moment vor der Kerze und dem Schnitterinnen-Werkzeug sitzen. Lass die Dekoration auf dich wirken.

Ziehe einen Schutzkreis, indem du ihn visualisierst oder mit einem roten Wollfaden legst.

Zum Visualisieren schließe die Augen. Visualisiere einen Schutzkreis um dich, indem du dir so bildlich wie möglich dein Schneidegerät hinter dir auf dem Boden vorstellst.

Dann stelle dir bildlich vor, wie du einen Kreis mit dem Schnittgerät um dich ziehst. Schließe den Kreis sicher hinter dir. Öffne erst wieder die Augen, wenn die bildliche Vorstellung sicher aufgebaut ist. Der Schutzkreis bleibt erhalten und umgibt dich, auch wenn du dich bewegst.

Öffne dann die Augen wieder. Wenn dir das Visualisieren schwer fällt, kannst du wieder einen roten Wollfaden als Kreis auslegen.

Dann rufe die vier Elemente an, beispielsweise mit dem folgenden Text:

Du wendest dich zuerst nach Osten und sprichst: »Ich rufe das Element Luft aus dem Osten. Ich rufe die warme Sommerluft, den Geruch der Kornfelder im Abendtau. Kommt in meinen Kreis.«

Wende dich dann nach Süden und sprich: »Ich rufe die Kraft des Feuers aus dem Süden, die heiße Sommersonne und das Herdfeuer, in dem die ersten Brote aus dem neuen Korn gebacken werden. Kommt in meinen Kreis!«

Wende dich dann nach Westen und sprich: »Ich rufe die Kraft des Wassers aus dem Westen, den Regen der heftigen Sommergewitter. Kommt in meinen Kreis!«

Dann wende dich nach Norden und sprich: »Ich rufe die Kraft der Erde aus dem Norden. Ich rufe die Kraft der fruchtbaren Felder und die von der Sonne getrocknete Erde. Kommt in meinen Kreis!«

Wenn du bereits vom letzten Jahr einen trockenen Kräuterstrauß hast, ist jetzt der Zeitpunkt, ihn an einer feuersicheren Stelle zu verbrennen. Bitte sei sehr achtsam dabei, nimm wirklich einen Ort mit einem feuerfesten Untergrund oder eine Grillstelle und halte Wasser bereit zum Löschen. Während der alte Kräuterstrauß verglüht, kannst du Erinnerungen an das alte Jahr aufsteigen lassen und loslassen. Vielleicht kannst du für Einiges danken. Wenn du keinen feuerfesten Ort findest, an dem du den alten Strauß sicher verbrennen kannst, kannst du den Strauß auch unverbrannt der Erde zurückgeben. Du kannst ihn zerbröseln und im Feld verstreuen oder vergraben. Nach dem Verbrennen lösche das Feuer gut und blase die Kerze aus, wenn du jetzt im Ritual die Kräuter schneiden willst.

Dann nimm dein Schneidegerät und gehe zu dem Ort, an dem du Kräuter, Gras oder Kornähren schneiden willst. Bevor du eine Pflanze schneidest, sprich sie innerlich an. Bitte sie um ihre Kraft, bitte sie darum, in deinen heiligen Kräuterstrauß zu kommen. Schneide sie nicht, wenn du das Gefühl hast, sie ist nicht bereit dazu. Lass von jeder Pflanze einen Rest stehen, nimm nie die ganze Pflanze für deinen Strauß. Nur so kannst du im nächsten Jahr wieder ernten. Schneide sonst so viele Kräuter, Gräser und Kornähren, wie du im Strauß haben möchtest. Gehe dann mit deinen Kräutern in die Wohnung oder den Garten zurück.

Wenn du dir schon Kräuter zurecht gelegt hattest, kannst du im Zimmer oder Garten direkt die Kräuter binden. Zünde deine Kerze wieder an, falls du eine Zeitlang weg warst. Betrachte die Kräuter in Ruhe, atme ihren Duft ein. Wenn du sie kennst, nenne ihren Namen. Du kannst dir auch eine schöne Musik dazu anmachen. Dann binde dir mit viel Ruhe mit dem roten Faden einen Strauß aus den Kräutern. Vielleicht wird es ein kleiner kugeliger Strauß oder ein längerer, buschiger. Er sollte sich aber von der Größe her noch zum Aufhängen eignen. Mache mit dem Band noch eine lange Schlaufe an den Strauß, die länger ist als die Stiele. Dann lege den Strauß neben die Kerze, danke den Kräutern, dass sie ihre Kraft für dich geben. Du kannst auch einen Tanz um sie herum tanzen. Du kannst die Göttin um Kraft bitten für eine Trennung, die dir bevorsteht, oder für das Ende eines Lebensabschnittes. Du kannst auch danken, wenn du das Gefühl hast, etwas in deinem Leben ernten zu können. Du kannst einen Kräutersegen sprechen, z. B. einen Teil aus dem alten Neunkräutersegen aus England:

»Erinnere du dich, Beifuß, was du verkündest,
was du anordnest in feierlicher Kundgebung,
das Eine heißest du, das älteste der Kräuter,
du hast Macht gegen 33 (Krankheiten),
du hast Macht gegen das Gift und die Ansteckung,
du hast Macht gegen das Übel, das über das Land fährt.

Und du, Wegerich, Mutter der Pflanzen,
offen nach Osten, mächtig im Innern,
über dich knarrten Wagen, über dich ritten Frauen,
allen widerstandest du und setztest dich entgegen,
so widersteh du auch dem Gift und der Ansteckung.

Erinnere dich, Kamille, was du verkündest,
dass nimmermehr ein Mensch durch Ansteckung sein Leben verlor,
seit man ihm Kamillen zu essen gab.«

Vielleicht findest du aber auch selbst ein Gedicht, in dem eine Pflanze oder ein Kraut vorkommt.

Du kannst auch einen Text sprechen, der sich eher an die Jahreszeit richtet. Das keltische Fest Lugnasad, das dem Fest der Schnitterin zugrunde liegt, ist ein Fest des Sonnengottes Lug. Den folgenden Text habe ich bei Starhawk gefunden:

»Dies ist das Fest von Lug, des Sonnenkönigs, der mit dem niedergehenden Jahr stirbt, des Kornkönigs, der stirbt, wenn das Getreide geschnitten wird. Wir stehen nun zwischen Hoffnung und Furcht, leben in der Zeit der Erwartung. Auf den Feldern ist das Getreide reif, aber noch nicht geerntet. Schwer haben wir gearbeitet, damit viele Dinge zur Reife gelangen, aber die Früchte unseres Tuns sind noch nicht sicher. Die Mutter (die Göttin) wird nun zur Schnitterin, zur Unerbittlichen, die sich vom Leben nährt, damit neues Leben heranwachse. Die Helligkeit nimmt ab, die Tage werden kürzer, der Sommer geht vorbei. Wir kommen zusammen und drehen das Rad (des Jahres), denn wir wissen, dass wir säen müssen, um zu ernten, und ernten müssen, um zu säen, und dass Licht und Wärme in den Winter übergehen müssen.« (Starhawk, »Der Hexenkult als Urreligion der Göttin«, S. 265, Bauer-Verlag 1985)

Dann verabschiede die vier Elemente in umgekehrter Reihenfolge. Wenn du den Strauß gebunden und ausreichend gefeiert hast, löse den Schutzkreis wieder auf, indem du dir noch mal den Kreis wie zu Anfang vorstellst, nur in umgekehrter Richtung.

Bewege dich, esse eine Kleinigkeit, kehre zur Normalität zurück.

Nachbereitung

Bis der Strauß einigermaßen abgetrocknet ist, das dauert etwa eine Woche, hänge ich ihn meistens kopfüber an einer Türklinke oder einem Fenstergriff auf. Danach ist er leicht genug, um an einem Nagel an der Wand aufgehängt zu werden. Du kannst ihn über dein Bett hängen oder in deine Lieblingsecke. Da sollte er dann ein Jahr hängen und dir Kraft geben, bis zum nächsten Schnitterinnen-Fest im nächsten Jahr. Dann wird er verbrannt oder anders der Natur zurückgegeben, bevor du dir einen neuen Strauß schneidest.

Wenn du im Laufe des folgenden Jahres in einer seelischen Notsituation bist oder eine Krankheit hast, kannst du ein paar getrocknete Blüten aus dem Strauß in einem Räuchergefäß verbrennen. Einen Tee solltest du dir nicht davon aufbrühen, bevor du nicht absolut sicher bist, mit welchen Kräutern du es zu tun hast.

Wenn du die Blüten und Kräuter einfach nach Gefühl gepflückt hast, kannst du dir in den nächsten Wochen noch Zeit nehmen, etwas über sie zu erfahren.

Herbst-Tag-und-Nacht-Gleiche / Mabon

Das Festthema

Die Herbst-Tag-und-Nacht-Gleiche ist neben der Frühlings-Tag-und-Nacht-Gleiche der zweite Tag im Jahr, an dem Tag und Nacht genau gleich lang sind. Der Tag liegt um den 21. September herum, er wird in einfachen Kalendern meistens als Herbstanfang angegeben. Astrologisch gesehen wechselt die Sonne vom Zeichen Jungfrau in das Zeichen Waage. Die Sonne geht genau im Osten auf und genau im Westen unter. Daher eignet sich der Tag besonders zur geistigen Arbeit mit den vier Himmelsrichtungen. An diesem Tag endet die helle Hälfte des Jahres, in der die Tage länger waren als die Nächte. Von diesem Tag an werden die Nächte länger als der Tag. Die dunkle Hälfte des Jahres beginnt. Die Kräfte des Lichts nehmen ab, die Kräfte der Dunkelheit nehmen zu. In der heidnischen Religion sind im Gegensatz zur christlichen Religion die Kräfte des

Lichts wie die Kräfte der Dunkelheit gleichwertig, gleich wichtig und gleichermaßen notwendige Lebensenergien. Der Tag eignet sich also besonders gut dazu, über diese Kräfte zu meditieren. Je nachdem, ob du persönlich eher den Kräften der Dunkelheit oder den Kräften des Lichts zugeneigt bist, wirst du den Beginn der dunklen Jahreshälfte begrüßen oder bedauern. Bei der Frühlings-Tag-und-Nacht-Gleiche ist es dann entsprechend umgekehrt.

Mit dem Beginn der dunklen Jahreshälfte ruft die Erde ihre Kräfte in die Erde zurück, viele Pflanzen beginnen zu welken. Die Blätter verfärben sich, alles bereitet sich auf den Rückzug nach innen vor. Die sichtbaren Kräfte nehmen ab, die unsichtbaren Kräfte nehmen zu. Im bäuerlichen Jahr ist diese Zeit eine Zeit der Ernte und der Vorbereitung auf den Winter. Vorräte müssen gesichtet und überprüft werden, die Sommerkleider kommen weg, werden eingemottet fürs nächste Jahr, wir holen die ersten Winterpullis raus. Wir verabschieden die Wärme des Sommers. Wir genießen die letzten schönen Tage mit Herbstsonne, die Früchte und Ernte dieses Jahres und bereiten uns auf den Winter vor. Wir machen vielleicht die ersten Tage wieder die Heizung an, haben wieder mehr Lust auf warmen Tee und besinnliche Stunden abends bei Kerzenschein.

An diesem Tag hast du besser als an jedem andern Tag im Jahr die Möglichkeit, dir klar zu machen, dass beide Kräfte, Hell und Dunkel gleich stark, gleich wichtig, gleich gut und gleich notwendig sind. Wenn eine der beiden Kräfte in dir zu stark geworden ist, kannst du den Tag dazu nutzen, um um einen Ausgleich zu bitten.

Vorbereitung

Eine mögliche Kleidung für das Ritual hat die Farben des Festes, also alle Rot-, Schwarz- und Brauntöne. Du kannst also Rot und Schwarz anziehen oder Braun und Schwarz, aber kein reines Schwarz (das kommt erst beim nächsten Fest, an Halloween).

Als Festdekoration kann auch die »Kreismitte«, also der kurzfristig aufgebaute heilige Platz für das Ritual, ganz in braunen Farben gehalten sein. Du kannst aber auch die Hell-Dunkel-Thematik dieses Festes deutlicher ausdrücken und ein halbes weißes oder hellgelbes Tuch neben ein halbes braunes oder schwarzes Tuch legen. Ein bisschen so, dass es wie das Yin-Yang-Zeichen aussieht, also zusammen ein Kreis ist mit einer dunklen und einer hellen Hälfte. Diese Dekoration soll dir helfen zu verstehen, dass an diesem Tag Tag und Nacht exakt gleich lang sind. Das ist nur an zwei Tagen des ganzen Jahres so...!!

Auf die Tücher kannst du eine helle Kerze und eine dunkle Kerze stellen. Du kannst ein paar schöne Herbstblätter auf die Tücher legen und Früchte der Jahreszeit, z. B. die ersten heimischen Äpfel, die ersten Eicheln und Kastanien, Pflaumen oder Weintrauben. Außerdem kannst du Symbole für die vier Elemente auf die Tücher legen, also etwa eine Feder in Richtung Osten, einen Stab oder das Feuerzeug in Richtung Süden, einen Kelch oder eine Muschel in Richtung Westen, einen schönen Stein oder eine Münze in Richtung Norden. Falls du mit den Himmelsrichtungen nicht so völlig sicher bist, ist es nicht schlimm, du kannst ruhig wieder einen Kompass nehmen.

Lege dir etwas zum Schreiben oder Malen für später zurecht. Als geistige Vorbereitung auf das Fest nimm dir noch einmal Zeit für die vier Elemente, lies evtl. noch einmal den Text dazu weiter vorne im Buch.

Der Ablauf des Rituals

Sorge dafür, dass du für eine gute Stunde ungestört sein kannst. Dann bereite alles vor. Gut ist es, wenn du vorher duschen oder baden kannst, dann bist du meistens auch spirituell gereinigt.

Nachdem du dich gekleidet und vorbereitet und die Kreismitte dekoriert hast, stelle dir wieder den Schutzkreis vor. Visualisiere einen Kreis um dich, sei es mit einem Messer, einem Stab oder einem Feuerball als Bild. Wenn du den Kreis gezogen hast, rufe die vier Elemente in der üblichen Richtung an. Du kannst es frei formulieren, aber auch ablesen. So könntest du sagen:

»Ich rufe die Kraft der Luft aus dem Osten! Komm mit deinem Geist, dem leuchtenden Schwert des Verstandes, mit witzigen Ideen und der Fähigkeit des Überblicks, komm in meinen Kreis...!«

Dazu hältst du die Feder hoch Richtung Osten und setzt sie dann wieder ab.

(Falls du nicht laut sprechen willst, kannst du die Worte auch flüstern oder nur lesen und gedanklich, also innerlich, sprechen.)

Dann wendest du dich mit dem Feuerzeug nach Süden und könntest sprechen:

»Ich rufe die Kraft des Feuers aus dem Süden! Komm mit deiner Wärme, deiner Macht und Leidenschaft, mit der Glut der Gefühle, komm in meinen Kreis!«

Dann legst du das Feuerzeug wieder in die Mitte, wendest dich mit dem Kelch nach Westen und kannst z. B. sprechen:

»Ich rufe die Kraft des Wassers aus dem Westen! Komm mit der Macht der Gefühle, stille meine Sehnsucht nach Liebe und erfüllter Spiritualität, komm mit den Tränen der Freude und den Tränen der Trauer, komm in meinen Kreis!«

Dann legst du wieder den Kelch hin, wendest dich nach Norden, ergreifst den Stein und sprichst:

»Ich rufe die Kräfte der Erde aus dem Norden: Gib mir festen Boden unter meinen Füßen, gib meinem Körper, was er zum Leben braucht an Nahrung und Kraft und lass mich nie vergessen, dass wir alle Kinder der Erde sind. Komm in meinen Kreis!«

Danach hast du Zeit, nachzuspüren, wie du dich fühlst. Welchem Element fühlst du dich nahe? Von welcher Kraft willst du mehr, von welcher Kraft hast du genug, von welcher vielleicht zu viel? Du kannst ein Vier-Elemente-Lied singen, wenn du eines kennst, oder abspielen, um dich mehr in Stimmung zu bringen. Male ein Bild von den vier Elementen oder schreibe einen Brief an die vier Elemente. Schreibe, was du dir von ihnen wünschst oder brauchst. Oder schreibe einen Brief an die Kräfte der Dunkelheit und des Lichtes. Wichtig ist, dass du nicht zu einseitig wirst oder dass du es wenigstens im Ritual klar spürst, wenn du zu einseitig wirst.

Sprich dann, wenn du etwa Kreatives gemacht hast oder etwas meditiert hast:

»Dies ist der Tag des Gleichgewichtes und der Reinigung. Ich bitte alle Kräfte in mir und in der Welt, immer wieder zu einem Gleichgewicht zurückzufinden.«

Danach bedanke und verabschiede dich von den vier Elementen in umgekehrter Reihenfolge. Dann bewege dich etwas, esse den Apfel oder trinke einen Schluck Saft oder Wasser, tanze noch ein bisschen. Löse dich von der vielleicht ernsten und feierlichen Stimmung, löse den visualisierten Kreis auf, indem du ihn in umgekehrter Richtung visualisiert ziehst.

Nachbereitung

Du kannst das Bild in deinem Zimmer aufhängen oder den Brief an die vier Elemente aufheben. Lies ihn nach ein paar Wochen noch einmal. Vielleicht hat sich etwas verändert in dir oder du merkst, dass du mit den vier Elementen etwas vertrauter geworden bist.

Halloween / Samhain

Das Thema des Festes

Halloween (bzw. Samhain) gehört zusammen mit Walpurgis (bzw. Beltane) zu den bekanntesten Festen im Jahreskreis. Halloween wird traditionell in der Nacht vom 31. Oktober auf den 1. November gefeiert. An Halloween begann das keltische Jahr, deswegen beginnen auch manche Ritualkreise an dem Termin ihren Zyklus neu oder feiern Halloween als Hexenneujahr. Halloween und Walpurgis sind die zwei Tage im Jahr, an denen die Göttin den Schleier zwischen den Welten etwas lüftet. Das heißt, es ist an diesen Tagen ein leichterer Kontakt mit der *Anderswelt* möglich als an anderen Tagen im Jahr. Während an Walpurgis eher ein rauschhafter Umgang mit den Tier- und Naturgeistern gesucht wird, um die Fruchtbarkeit des Frühlings zu feiern, ist Halloween ein dunkler Gegenpol. Nach der keltischen Tradition holte die Göttin an diesem Tag die Verstorbenen des letzten Jahres heim. Da diese auf dieses Heimholen wartend in der Nacht vom 31. Oktober auf den 1.November ruhelos herumwandern, besteht eine gute

Möglichkeit, mit ihnen im Ritual Kontakt aufzunehmen. Sowohl das Gedenken an die Verstorbenen dieses Jahres wie auch Erinnern an die Ungeborenen, deren Wiedergeburt noch erwartet wird, haben an diesem Tag einen besonderen Platz im Ritual. Wichtig ist es, sich in dieser Nacht vor unliebsamen Begegnungen zu schützen, also einen besonders intensiven Schutzkreis zu ziehen. Die katholische Kirche hat das Thema »Gedenken der Geister und Verstorbenen« in dieser Zeit ebenfalls in ihren Festkalender aufgenommen mit den Feiertagen Allerheiligen und Allerseelen (1. und 2. November).

Von Halloween ist heute vor allem die amerikanische Tradition bekannt, in der ein humorvoller Umgang mit den Geistern gepflegt wird, der an unseren Karneval erinnert. Dennoch haben der heitere Lärm und die bunten Kürbislaternen einen ernsten Zweck, nämlich die Geister zu vertreiben, die unliebsam sind, und den umherirrenden Seelen zu zeigen, dass man wohlwollend und heiter das Gedenken an die Verstorbenen ehrt. Halloween kann aber auch ein sehr ernstes Fest sein, an dem die Trauer um einen Verstorbenen möglich ist, ein bewusstes Abschiednehmen im Ritual stattfinden kann. Manche Abschiede sind so schwer, dass du vielleicht mehrere Jahre mit Halloweenfesten brauchst, bis du sie bewältigt hast. Erwarte also von einer einmaligen Feier nicht, dass sie dir sofort deine Trauer nimmt. Das Ritual soll eher ein geschützter Raum für die Trauer sein, damit du einen Ort und eine Zeit dafür hast, die Trauer zuzulassen, in der die Energie der Jahreszeit dich unterstützen kann. Außerdem ist an diesem Tag der richtige Platz für die Trauer um die Opfer der Hexenverfolgung, um die Opfer der Zeit, als unsere Religion verfolgt wurde und die Traditionswege fast erloschen wären.

Gefährlich ist das Fest für Personen, die in ihrem aktuellen Lebensalltag starke Krisen durchleben, in akuter Trauer oder aus anderen Gründen sehr niedergeschlagener Stimmung sind. Wenn sich vielleicht im ganz normalen Alltag bereits eine Art Todessehnsucht breit macht oder Menschen sich bei Selbstmordgedanken ertappen, sollten sie eher psychologische Hilfe suchen statt Hilfe in einer tiefergehenden Ritualfeier. Diese Menschen sollten Halloween auf gar keinen Fall alleine feiern und sich dem Fest nur sehr vorsichtig nähern. Für sie ist es besser, unterstützt durch andere Menschen im Kreis zu versuchen, einen eher humorvollen Umgang mit dem Fest zu wählen, um sich vom Themenkreis des Festes nicht noch weiter herunterziehen zu lassen. Sie sollten es auch vermeiden, Halloween in komplett schwarzen Farben zu feiern.

Vorbereitungen

Eine ideale Dekoration ist eine Kürbislaterne. Dazu kaufst du dir einen kleinen oder großen Kürbis, schneidest oben einen Deckel ab und höhlst ihn aus, indem du das weiche Innere mit den Fäden und Kernen mit einem Löffel herauspulst. Dann kannst du mit einem scharfen Küchenmesser in die Kürbiswand ein Muster schnitzen oder ein Gesicht. Wenn deine Kürbislaterne fertig ist, stellst du sie auf den Balkon oder im Zimmer auf und stellst ein Teelicht hinein. Kürbislaternen sind eigentlich Gartendekorationen, sie halten sich länger, wenn sie im Freien stehen. Im Zimmer welken sie schneller. Du kannst sie aber haltbarer machen, indem du den Kürbis nach dem Schnitzen außen mit Vaseline einreibst. Falls du keine Kürbislaterne machen kannst, kannst du andere Kerzen und bunte Windlichter aufstellen.

Die Farben des Festes sind Schwarz, aufgelockert von dem Orange der Kürbislaternen und dem Goldgelb der

Herbstblätter. Als Kreismitte oder Altartuch kannst du ein schwarzes Tuch nehmen und eine dunkle Kerze. Sie muss nicht schwarz sein, sie kann auch lila sein. Falls du ohnehin in trauriger Stimmung bist, nimmst du vielleicht besser eine orangene Kerze als Kontrast zum schwarzen Tuch. Außer der Kürbislaterne kannst du noch ein paar schöne goldgelbe Herbstblätter hinlegen und etwas Immergrünes, wie Efeublätter. Der immergrüne Efeu wird so oft auf Friedhöfen gepflanzt, weil er uns daran erinnert, dass das Leben mit dem körperlichen Tod nicht zu Ende ist, sondern die Seele darüber hinaus ewig lebt und wiedergeboren werden kann. Idealerweise gehören an Halloween auch ein paar Giftpflanzen auf den Altar oder in die Kreismitte. Es muss ja kein Fliegenpilz sein, die sind immer seltener zu finden. Gefährlicherweise stehen in vielen Parkanlagen Sträucher und Bäume mit Beeren, die giftig sind, wie die roten Beeren der Eiben, die Schneebeeren oder Ligusterhecken oder das Pfaffenhütchen. Du kannst das Fest auch benutzen, um dich mit Heil- und Giftpflanzen auseinander zu setzen, sie in deiner Umgebung zu suchen und kennen zu lernen. Die meisten Giftpflanzen liefern auch Grundstoffe für Arzneien, dennoch sind es die Früchte der Todesgöttin. Auf keinen Fall solltest du mit dem Gedanken spielen, mit der Einnahme von Giftpflanzen zu experimentieren, dann ruf besser gleich den Notarzt. Bis jetzt ist noch jede und jeder, der das probiert hat, auf der Intensivstation eines Krankenhauses aufgetaucht (wenn er Glück hatte) oder mit grauenvoller Übelkeit gestraft worden.

Die Festkleidung kann ganz schwarz sein, wenn dich das nicht zu sehr runterzieht, sonst kann es auch ein aufgelockertes Schwarz sein mit den Herbstfarben braun, rot, goldgelb und orange.

Zur geistigen Vorbereitung stimme dich folgendermaßen ein: Halloween ist das Fest der Ahnen und Ahninnen, der Verstorbenen und der ungeborenen Seelen. An Halloween wird der ewige Kreislauf von Geburt, Tod und Wiedergeburt gefeiert und die Göttin in ihrer Funktion als Herrin über Leben und Tod verehrt. Wenn in diesem Jahr ein geliebter Mensch gestorben ist, lege dir ein Bild von ihm oder ihr oder einen anderen Gegenstand zurecht, der dich an ihn oder sie erinnert. Auch wenn etwas anderes »gestorben ist«, z. B. eine Freundschaft zerbrochen ist oder ein Plan sich als nicht verwirklichbar erwiesen hat, kannst du dir dafür einen symbolischen Gegenstand zurechtlegen. Das kann der letzte Brief der Freundin sein, mit der du nichts mehr zu tun haben möchtest und auf den du nie mehr geantwortet hast. Genauso kannst du dir etwas zurechtlegen, das an eine neue Seele erinnert, die dieses Jahr in eure Familie kam oder die erwartet wird. Vielleicht ist in eurer Familie oder eurem Freundeskreis in diesem Jahr ein Kind geboren worden oder eines wird erwartet.

Außerdem lege dir etwas zurecht, was für deine Ahninnen steht, wie ein Foto deiner Großmutter oder deiner Urgroßmutter. Du kannst auch ein Bild oder Foto nehmen, das eine dir unbekannte alte Frau zeigt, die für dich Weisheit und Liebe ausstrahlt und in etwa das darstellt, was du dir unter einer Ahnfrau vorstellst. Außerdem brauchst du Schreib- und Malmaterial, Papier und Stifte oder dein magisches Tagebuch.

Lege dir wieder etwas zu essen zurecht für die Zeit nach dem Ritual. Dekoriere den Raum, wie du willst und sorge dafür, dass du ein bis zwei Stunden ungestört sein kannst. Falls dir nach Trauer zumute ist, kannst du dir auch eine Musik vorbereiten, eine Melodie oder einen Song, der diese Gefühle von Trauer in dir verstärkt oder dich in eine besinnliche Stimmung versetzt.

Der Ritualablauf

Nach den räumlichen und inhaltlichen Vorbereitungen kannst du dich reinigen. Dusche oder räuchere den Raum etwas aus. Zünde die Kerze an, lasse deine Dekoration, den Altar oder die Kreismitte für einen Moment auf dich wirken. Dann spüre für einen Moment den Boden unter deinen Füßen bewusst, nimm Kontakt zur Erde auf und bitte Mutter Erde, dich im Ritual zu stützen und zu tragen.

Stell dir nun hinter deinen Füßen ein helles orangefarbenes Licht vor. Lasse aus dem Licht eine Lichtschlange wachsen, die dich und den Altar oder den Kreis und die Kreismitte wie einen Schutzkreis aus orangenem Licht umgibt und schließe den Kreis hinter deinen Füßen. Visualisiere den gleichen Kreis noch einmal in der Höhe deines Beckens und in der Höhe deines Kopfes, sodass du wie im Inneren einer Kürbislaterne in einem orangefarbenen Lichtzelt stehst.

Dann rufe die vier Elemente an, z. B. mit dem folgenden Text. Wende dich nach Osten und sprich folgende Worte:

»Ich rufe das Element Luft aus dem Osten. Schärfe meinen Geist und Verstand für das folgende Ritual.«

Wende dich nach Süden und sprich:

»Ich rufe das Element Feuer aus dem Süden. Erlaube mir Gefühle der Wut und die reinigende Kraft des Feuers in diesem Ritual.«

Wende dich nach Westen und sprich:

»Ich rufe das Element Wasser aus dem Westen. Stärke mich für Gefühle der Trauer, der Liebe und der Freude in diesem Ritual.«

Wende dich nach Norden und sprich:

»Ich rufe das Element Erde aus dem Norden. Lass mich nie vergessen, dass wir alle Kinder der Erde sind. Von ihr erhalten wir unseren Körper und die Nahrung, zu ihr kehren wir alle zurück. Stärke und trage mich in diesem Ritual.«

Dann kannst du etwas sprechen, um die Besonderheit dieses Tages zu betonen, wie:

»Heute ist Halloween, das Dunkelheitsfest. Ab heute beginnen die dunkelsten Monate des Jahres. Wir erkennen alle, dass wir sterblich sind, und dass die Göttin mit Weisheit über die Gesetze von Geburt, Tod und Wiedergeburt herrscht.

Anfang ist Ende. Ende ist Anfang. Anfang ist Ende. Ende ist Anfang. (Das kannst du mehrmals wiederholen in einer Art Sprechsingsang.)

So wie wir alle von der Göttin kommen, so kehren wir alle zu ihr zurück.

Nur sie weiß die Stunde.

In dieser Nacht denke ich / denken wir vor allem an ... (Namen einsetzen), die / der in diesem Jahr gestorben ist. Nimm ihn / sie zu dir. Ich denke auch an (z. B. meine Freundschaft zu... oder meinen Wunsch, etwas Bestimmtes zu tun) und will lernen, loszulassen, was ich loslassen muss.

Ich denke / Wir denken in dieser Nacht besonders an die vielen Brüder und Schwestern, die in den Jahren vor uns diesen Weg der alten Religion gegangen sind und die verfolgt, gefoltert und getötet wurden. Wir danken dir, Große Göttin, dass der Weg der alten Religion dennoch durch alle Zeiten hinweg erkennbar und begehbar blieb.

Wir denken auch an die ungeborenen Seelen, die den Weg der Wiedergeburt gehen und wieder zu uns kommen. Besonders denke ich an (Namen einsetzen)..., die ein Kind erwartet oder die dieses Jahr ein Kind geboren hat. Wir begrüßen jede Seele, die zu uns kommen will, mit Freude und Dankbarkeit.

Göttin, du herrschst über den Kreislauf von Geburt, Tod und Wiedergeburt. Nimm dich der Frauen an, die schwanger werden und den Ungeborenen die Möglichkeit geben, wieder zu uns zu kommen. Lass die Seelen die Wege finden, die du ihnen bestimmt hast.

Dank an die Ahnen und Ahninnen, die uns begleiten und die vor uns mehrmals durch die Kreisläufe von Geburt, Tod und Wiedergeburt gegangen sind.«

Dann kannst du eine Musik oder ein Lied anmachen, das für dich zum Fest passt, und nimmst dein Schreib- und Malzeug. Du kannst jetzt im Ritual verschiedene Dinge als Haupthandlung machen, wie einen Brief schreiben oder ein Bild malen. (Entscheide dich möglichst vor dem Ritual, welche der genannten Aufgaben du wählen willst.)

Du kannst z. B. einen Brief an eine verstorbene Person schreiben, den du später draußen im Garten oder Park vergräbst. In diesem Brief kannst du der verstorbenen Person noch einmal etwas sagen bzw. schreiben, was du sonst nicht mehr sagen könntest. Du kannst einen Abschiedsbrief schreiben oder einen Dankesbrief oder einen Wutbrief, weil du stinksauer bist, dass die Person gestorben ist und du sie immer noch sehr vermisst.

Du kannst einen Brief schreiben an eine Ahnin. So kannst du deiner Großmutter oder deiner Urgroßmutter in einem Brief schreiben, was du an ihr magst und was nicht. Du brauchst diesen Brief nicht abzuschicken, er soll dir einfach helfen, zu spüren und zu verstehen, wie dein Verhältnis zu deiner konkreten Ahnfrau ist. Vielleicht bekommst du im Ritual eine Idee, was du von deiner Ahnin lernen willst und könntest.

Du kannst ein Bild von einer Ahnin oder für deine Oma malen.

Wenn die Musik zu Ende und der Brief fertig ist, kannst du dir überlegen, ob du ihn behalten und in dein magisches Tagebuch kleben willst, oder ob du den Brief an die Erde zurückgeben willst. Falls du Letzteres willst, gehe raus mit dem Brief und einem Feuerzeug oder einer kleinen Schaufel. Wenn du im Garten oder Park eine ruhige Stelle gefunden hast, vergrabe den Brief dort oder verbrenne ihn erst und vergrabe dann die Asche. Mache dir dabei klar, dass die geistige Botschaft deines Briefes dahin gelangen wird, wo es gut und richtig ist für dich. Dafür wird die Göttin in dieser Nacht schon sorgen. Dennoch heißt das nicht immer, dass genau das passieren wird, was du dir wünschst, denn der Wille und die Weisheit der Göttin sind für uns nicht immer auf Anhieb verständlich.

Dann gehe nach Hause zurück.

Wenn du wieder zuhause bist, verabschiede die vier Elemente in umgekehrter Reihenfolge und danke ihnen, dass sie da waren und dich unterstützt haben. Löse den Schutzkreis auf, indem du visualisierst, dass du das orange-goldene Lichtzelt um dich herum aufklappst wie eine Apfelsinenschale, die dann verschrumpelt und welkt.

Esse etwas, bewege dich, kehre zum Alltag zurück.

Wenn du willst, stelle die Kürbislaterne auf die Terrasse oder den Balkon und stelle einen Teller mit etwas Essen für die Ahnen und Geister daneben. Die Tiere werden es dann schon holen. Es ist an Halloween auch üblich, wenn zu mehreren gefeiert wird, für jeden und jede Verstorbene/n, an den oder die gedacht wird, ein Gedeck mit aufzudecken, damit noch einmal das Gefühl entstehen kann, miteinander zu essen und zu feiern.

Nachbereitung

Lege dir in der Nacht Schreibmaterial neben das Bett. Es kann sein, dass du nach dem Ritual sehr interessante Träume hast oder von einem Verstorbenen träumst.

Dann solltest du die Gelegenheit nutzen, den Traum auch aufzuschreiben.

Du kannst in den nächsten Tagen nach dem Fest auch aufschreiben, wie du dich fühlst, wie das Fest noch in dir nachwirkt...

Falls du ein Bild deiner Ahnin gemalt hast, hänge es in deinem Zimmer auf. Genauso kannst du das Bild deiner Oma noch ein paar Tage im Zimmer stehen lassen und es nachwirken lassen. Wenn du durch das Ritual eine neue Seite an deiner Oma entdecken konntest, kannst du es ihr ja irgendwann sagen. Falls du etwas entdeckt hast, was du von ihr lernen willst, nutze die Zeit und bitte sie bald, es dir beizubringen. Es ist völlig egal, ob du von ihr lernen willst, wie du Socken stricken kannst oder Lebkuchen backen oder Kräuter sammeln und trocknen kannst. Das Wissen unserer Ahninnen kann wichtig und heilig sein, auch wenn wir in anderen Dingen uns vielleicht oft geärgert haben über die Ansichten unserer Oma. Wir sollten die Zeit nutzen, von ihnen zu lernen, solange sie leben und uns etwas lehren können. Du wirst sehen, dass sich deine Oma oder dein Opa freuen werden, wenn du etwas von ihnen lernen willst.

Wintersonnenwende / Julfest

Das Festthema

Das Julfest wird in der astronomisch längsten Nacht des Jahres gefeiert, dann wenn die Sonne astrologisch vom Zeichen Schütze in das Zeichen Steinbock wechselt. Das ist meistens um den 21. Dezember herum. Der Tag wird in den meisten Kalendern als Winteranfang verzeichnet.

So wie das Halloweenfest für die Kelten Jahresende und Jahresbeginn darstellte, hat das Julfest diese Bedeutung für die Germanen gehabt. Die Göttin lädt uns ein, Rückschau über dieses Jahr zu halten, das zu Ende geht.

Das Julfest ist die Feier der längsten Nacht des Jahres. Es wird in der dunkelsten Zeit des Jahres gefeiert und ist deren Wendepunkt. An Halloween wurde der Beginn der dunkelsten Wochen des Jahres gefeiert und die zunehmende Dunkelheitsenergie. Die Wintersonnenwende markiert jetzt eine Wendung in der dunklen Zeit und damit den Glauben, dass aus dem Dunkel das Licht wiedergeboren wird, dass das Licht zurückkehren wird. Die Sonne geht weit im Südwesten unter und weit im Südosten auf, der Tag und die Sonnenbahn sind stark verkürzt. In früheren Zeiten, als selbst mit Kerzen und Fackeln gespart werden musste, waren die Dunkelheit und Kälte dieser Jahreszeit viel stärker erfahrbar als heute mit viel elektrischem Licht und Zentralheizung. Dennoch spüren auch wir einen Mangel an natürlichem Sonnenlicht in dieser Jahreszeit. Denn das echte Sonnenlicht kann von der Helligkeit und von den Farbschwingungen her meist nicht ausreichend durch künstliches Licht ersetzt werden. Viele von uns sind in dieser Zeit müder und schlapper, brauchen mehr Schlaf und Ruhe, einige geraten in eine ernsthafte depressive Verstimmung, die Winterdepression.

In früheren Zeiten war es wichtig, mitten in der dunkelsten Zeit ein lebhaftes geselliges Fest zu feiern, das die Gemeinschaft stärkte. Zu dem Fest durfte ein Teil der kostbaren Wintervorräte in leckeren, üppigen Gerichten verbraucht werden, um die zweite Hälfte des Winters bis Lichtmess dann wieder mit knapp gehaushalteten Vorräten und sparsamem Licht zu überstehen. Die Feier der Wintersonnenwende steht für den Glauben, dass das Licht zurückkommt und dass mitten in den dunkelsten Lebensphasen ein Punkt kommen kann, an dem sich der Weg wieder wendet ins Licht und Menschen wieder zu einer Lösung finden.

Wintersonnenwende ist ein Sonnenfest, es wird nach der Erdumlaufbahn um die Sonne berechnet. Die Gräber und Steinheiligtümer der alten Kulturen waren teilweise so berechnet, dass nur am Wintersonnenwendtag ein Lichtstrahl in die Anlage fiel, wenn die Sonne diesen Wendekreis vom Aufgang im Südosten und Untergang im Südwesten erreicht hatte. Frühere Kulturen konnten diesen Punkt also auch sehr genau berechnen und beobachten, und dieses einmalige Lichtereignis wurde im Ritual gefeiert.

Vorbereitung

Die Farben des Festes sind Schwarz für die dunkle Winternacht, aufgelockert mit den Blättern und Zweigen immergrüner Pflanzen, also z. B. Tannen oder Fichten, aber auch Efeu oder Buchsbaum. Diese Zweige stehen als Symbol dafür, dass das Leben den Winter (und wie an Halloween) den Tod überdauert. Eine weitere wichtige Farbe ist Gold, weil das die Symbol- und Ritualfarbe der Sonne ist. Typisches Festsymbol sind die geschmückten grünen Nadelbäume oder ein Rad oder Kranz aus immergrünen Zweigen. Das christliche Weihnachten wurde als Konkurrenzprogramm zum Julfest erst später im Laufe der christlichen Kirchengeschichte entwickelt. So wurden zum Weihnachtsfest viele Elemente des Julfestes übernommen. Sehr häufig finden sich bei diesem Fest Kränze oder Lichträder, sie stehen für das Jahresrad, das nun zu Ende geht, und für das Rad des Lebens.

Ein guter Untergrund für den Altar oder die Ritualmitte ist wieder ein schwarzes Tuch, das du eigentlich am besten mit dem Advents-Kranz schmücken könntest. Klär vorher mit deinen Mitbewohnern, ob es unangenehm auffällt, wenn du dir den Kranz für ein paar Stunden ins Zimmer holst und alle vier Kerzen anmachst. Du kannst aber auch einen frischen Kranz aus Grün nehmen oder einfach ein paar immergrüne Zweige. Schön sieht auch ein Kreis aus Teelichtern aus (Achte auf eine feuerfeste Unterlage!), in den du vier oder acht Speichen legst. Das Rad mit acht Speichen steht dann für das Rad der acht Jahreskreisfeste. Kleine goldene Sternchen können ein Sonnensymbol sein – oder ein paar goldene »Weihnachts«-Kugeln. Du kannst auch ein paar Nüsse dazu legen.

Wenn du entsprechende Kleidung hast, kannst du etwas Schwarzes oder Grünes anziehen, vom Schmuck her ist eher Gold angesagt. Vielleicht kannst du dir eine kleine Goldkordel ins Haar flechten.

Außer der Dekoration ist es gut, wenn du dir wieder eine Kleinigkeit zum Essen nach dem Ritual bereitlegst, warme Kleidung zum Rausgehen, ein paar Wunderkerzen und etwas zum Schreiben, also Papier und Stift. Falls du länger draußen bleiben willst, ist es gut, vorher heißen Tee oder Punsch in einer Thermoskanne bereitzustellen. Außerdem brauchst du ein Feuerzeug.

Vielleicht gönnst du dir am Julfest auch ein gutes Räucherwerk. In dieser Zeit empfinden wir Düfte wie Weihrauch oder auch Zimt oder Sandelholz besonders intensiv. Wie wäre es mit ein paar Räucherstäbchen? Außerdem brauchst du eine Musik, die dich zu einem entspannten Nachdenken und Nachsinnen anregt, wenn du deinen Jahresrückblick machst. Nichts Tragisches oder tief Grüblerisches, aber etwas Entspannendes, was dich vielleicht an dieses Jahr erinnert. Es kann auch eine Best of Hits-CD dieses Jahres sein, wenn dir dabei einige Erinnerungen an das vergangene Jahr kommen. Besser ist aber, wenn du kein Radio im Ritual hörst, das Plaudern der Moderatoren oder die Zwischennachrichten bringen dich leicht aus der Stimmung.

Die günstigste Tageszeit des Festes ist der Abend oder die Nacht. Schön ist es, wenn du am Abend vor dem Ritual oder am Morgen danach die Sonne beobachten kannst, wie sie auf- oder untergeht, und dir diesen Punkt in deiner Umgebung merken kannst. Wenn du später öfter Sonnenauf- oder -untergänge beobachtest, wirst du merken, wie der Punkt wieder weiter nach Osten bzw. Westen wandert bis zum Punkt der Frühlings-Tag-und-Nacht-Gleiche. Dann geht die Sonne wieder exakt im Westen unter und im Osten auf.

Der Ritualablauf

Wenn du alles vorbereitet hast, nimm dir ein, zwei Stunden Zeit und benachrichtige deine Mitbewohner wenn möglich, dass du die nächsten zwei Stunden nicht ansprechbar bist.

Zum Räuchern und Reinigen entzünde ein Räucherstäbchen und zeichne damit in jeder Zimmerecke ein Pentagramm in die Luft. Laufe dann einmal damit um deinen Altar oder deine Kreismitte herum. Lass es nur noch so lange weiter räuchern, wie dir der Geruch gut tut. Du musst nur dafür sorgen, dass die Asche nicht herunterfällt. Praktisch ist es, wenn du es in einen Blumentopf steckst, da fällt die Asche dann auf die Blumenerde.

Erde dich dann: Spüre für einen Moment bewusst den Boden oder die Erde unter deinen Füßen, danke der Erde für die Früchte dieses Jahres und ihre tragende, stützende Kraft.

Visualisiere einen goldenen Schutzkreis um dich und deinen Altar, indem du dir zunächst hinter dir einen goldenen Sonnenball vorstellst. Dann stelle dir vor, wie aus dem Sonnenball eine Lichtgirlande wächst, die um dich und deinen Altar einen Kreis bildet. Verschließe die Girlande fest hinter deinen Füßen.

Dann kannst du mit der Anrufung der vier Elemente beginnen, vielleicht mit dem folgenden Text. Wende dich zuerst nach Osten, sprich oder murmele:

»Ich rufe die Kraft der Luft aus dem Osten, ich rufe die Kräfte der lauen Lüfte und die Erinnerungen an die Zeit des Frühjahres, kommt in meinen Kreis.«

Wende dich dann nach Süden und sprich oder murmele:
»Ich rufe die Kraft des Feuers aus dem Süden, die Kräfte der Wärme und die Erinnerungen an die Zeit des Sommers, kommt in meinen Kreis.«

Wende dich dann nach Westen und sprich oder murmele:
»Ich rufe die Kraft des Wassers aus dem Westen, ich rufe die Kräfte des Regens und die Erinnerungen an die Zeit des Herbstes, kommt in meinen Kreis.«

Wende dich dann nach Norden und sprich oder murmele:
»Ich rufe die Kraft der Erde aus dem Norden, die Kräfte

der nackten Erde und die Erinnerungen an die Zeit des Winters, kommt in meinen Kreis.«

Dann kannst du einen Text sprechen, der die Besonderheit der heutigen Nacht betont, wie der folgende Text:

»Heute ist die Nacht der Wintersonnenwende. Heute ist die längste Nacht des Jahres. Das Übergewicht der Kräfte der Dunkelheit nimmt danach langsam wieder ab.

Die schwarze Herbstgöttin gibt in diesen Tagen die Macht ab an die strahlendweiße Winterkönigin. Es folgen noch viele lange dunkle Nächte. Klarer Frost und nasskalter Regen wechseln sich ab. Göttin, lass uns alle gut durch den Winter kommen und gebe uns ausreichend Licht und Wärme in unseren Wohnungen.

Auch wenn mir die Welt draußen dunkel, kalt, öde und leer erscheinen mag, so wächst doch viel Getreide in den Winternächten auf dem Feld. Das Leben scheint sich tief nach innen in die Erde zurückgezogen zu haben, alles scheint wie erstarrt, wartet auf den Wandel. Tief in der Erde haben die Samen schon für uns unsichtbar gekeimt und bereiten sich auf das Wachsen vor.

Tief innen in der Erde geschieht der Wandel. Wie der Wandel in der Erde wird im großen Kessel der Göttin aus den Zutaten des alten Jahres und aus unseren Wünschen und Visionen das neue Jahr gemischt. Das Rad des Jahres dreht sich immer weiter, auch wenn ich jetzt für einen Moment innehalte.«

Dann kannst du dir die Musik anstellen und dir aufschreiben, was dir vom vergangenen Jahr wichtig war. Du kannst Dinge aufschreiben, für die du dankbar bist, Dinge, um die du getrauert hast, Wünsche und Vorsätze, die du nicht umsetzen konntest. Du kannst die Namen von Menschen aufschreiben, die dir in diesem Jahr besonders wichtig waren oder die dich besonders geärgert haben.

Dann nimm dir ein zweites Blatt und schreibe darauf, was du dir für das neue Jahr wünschst, was du erhoffst und auch, was du befürchtest für das neue Jahr.

Wenn dein Schreibfluss versiegt ist, nimm dir Zeit, alles noch einmal durchzulesen, prüfe, ob du etwas Wichtiges vergessen hast. Wenn ja, dann ergänze es noch.

Wenn der Rückblick und deine Wünsche, Ängste und Hoffnungen für das neue Jahr so stimmen, dann ziehe dich warm an und gehe mit den Bögen Papier, den Wunderkerzen und dem Feuerzeug hinaus. Gehe ein wenig draußen in der Nacht spazieren, erfahre die Nacht auch sinnlich, sieh, wie die Sterne leuchten oder der Wind die Wolken treibt. Suche einen Ort, wo du relativ ungestört bist und wo du nicht direkt unter einer Straßenlaterne stehst, wo es schon etwas dunkel ist. Begib dich aber an keinen Ort, wo du dich unwohl fühlst, es kann auch einfach euer Garten sein.

Dann sprich innerlich oder murmele:

»Göttin, danke für das letzte Jahr mit allen Höhen und Tiefen. Nimm meinen Jahresrückblick, ich gebe ihn in deinen Kessel. Wandele ihn in Segen. Nimm meine Wünsche, Ängste und Hoffnungen für das neue Jahr. Ich gebe sie in deinen Kessel. Wandele sie in Segen.

Göttin, du drehst das Rad des Lebens, du zeigst uns den ewigen Tanz der Sterne, du bestimmst, was aus unseren Ängsten, Wünschen und Hoffnungen wird. Schenke mir in den nächsten Wochen eine Vision für das neue Jahr, was du für mich willst in diesem Jahr.«

Dann zünde deine Bögen Papier an und verbrenne sie. Mache dir klar, dass du alles in deinem Leben immer wieder in die Hand der Göttin legen kannst. Magie erwächst aus der Einsicht in den höheren Willen der Göttin, auch wenn wir ihn oft erst im Nachhinein verstehen.

Während du die Bögen Papier verbrennst, kannst du einen Sprechgesang murmeln:

»Tief im Kessel wohnt der Wandel. Tief im Kessel wohnt der Wandel. Tief im Kessel wohnt der Wandel...«

Wenn du alles losgelassen und verbrannt hast, zünde ein paar Wunderkerzen an, male ein paar Figuren damit in den dunklen Himmel. Gönne es dir, ausgelassen zu sein, nach dem Ernst des Rituals, hüpfe etwas herum im Dunkeln, tanze, wenn du magst.

Schließlich verabschiede die vier Elemente in umgekehrter Reihenfolge. Gehe dann wieder hinein ins Warme, esse etwas, trinke warmen Tee oder Punsch, feiere ein bisschen.

Nachbereitung

Es kann sein, dass dir in den Tagen nach dem Ritual noch viele Erinnerungen an das alte Jahr durch den Kopf gehen. Das ist eine ganz natürliche Nachwirkung. Viele Menschen halten Rückschau in diesen Tagen, die Fernsehsender bringen auch viele Rückschau-Sendungen. Es kann auch sein, dass es dir schwer fiel, deine Aufzeichnungen zu verbrennen. Wir wollen oft festhalten, was wir erlebt haben, anstatt es loszulassen und dem Wandel zu überlassen. Wenn du sie gar nicht verbrennen wolltest, kannst du deine Rückschau auch in deinem magischen Tagebuch festhalten.

Die Wochen nach der Wintersonnenwende bis zum 5. Januar sind als die Raunächte eine gute Zeit, um ein Orakel zu erbitten. Du kannst z. B. aus den 22 großen Arkana des Tarot eine neue Jahreskarte ziehen. Der Vorteil einer Jahreskarte ist, dass du sie nicht sofort deuten musst, sondern dass du ein Jahr Zeit hast, sie zu verstehen und zu erfahren. Deswegen kommen aber meiner Meinung nach nur die tiefen spirituellen Themen dafür in Frage. Du kannst also die 22 großen Arkana vorher heraussuchen, auf Vollständigkeit überprüfen und dann evtl. in einem kleinen Ritual eine davon ziehen. Du kannst deine Jahreskarte ja dann als Kopie in dein Zimmer hängen.

Die ganze Zeit bis zum nächsten Fest, dem Lichtmessfest, hast du aber Zeit, um aus der Wandlung des Kessels eine Vision oder ein Orakel für das kommende Jahr zu erbitten.

Die Raunächte sind noch eine typische Phase der dunklen Zeit, in der wir manchmal unruhige Träume haben oder sensibler sind für Botschaften aus der *Anderswelt*. Im Laufe des Januars, wenn es Schnee gibt und bei klarem Frost ein besonderes, helles Winterlicht erfahrbar wird, dann beginnt die Zeit der weißen Winterkönigin, deren Fest dann das Lichtmessfest ist.

Buchtipps

Da Junghexen oft nach guten einführenden Werken zum Selbststudium fragen, hier eine ganz persönliche Auswahl von Büchern, die ich als gute Einführung zu den jeweiligen Themen empfinde. Ich empfehle hier nur Bücher, die ich selbst gelesen habe, insofern ist die Auswahl begrenzt. Es gibt ja eine solche Menge von Büchern, dass ich oft ganz erschlagen bin, wenn ich mal wieder eine halbe Stunde im Esoterikladen stöbern war. Die wenigsten Bücher sind allerdings speziell für an Jahren junge Junghexen geschrieben, aber ich denke, da tut sich noch Einiges in den kommenden Jahren! Bei den neueren Büchern gebe ich auch einen Preisrahmen für Deutschland an. Da ich auch manche Bücher preiswert antiquarisch gekauft habe, weiß ich nicht von allen Büchern den aktuellen Preis.

Einführende Literatur zu Wicca, Jahreskreisfesten und neuen Naturreligionen:

Vicky Gabriel: »Der alte Pfad – Wege zur Natur in uns selbst«, Arun Verlag, 1999, 15,50 Euro (sehr humorvoll, locker und manchmal auch etwas ironisch geschrieben)

Vivianne Crowley: »Wicca«, Urania Verlag, 2001, kleiner, hübsch gemachter Bildband, 10 Euro

Scott Cunningham: »Eine Einführung in weiße Magie«, Ludwig Verlag, 2001, 8,95 Euro (beschreibt schwerpunktmäßig alleine praktizierbares Wicca, sehr gut als Einführung)

Ziriah Voigt: »Ritual und Tanz im Jahreskreis«, 1997, verlegt von Gisela Meussling, 19,80 Euro (Tanz CD zusätzlich bei Dieter Baldes erhältlich; ein sehr liebevoll gemachtes Buch, sehr klar in der Sprache, mit vielen Tanzbeschreibungen)

Marian Green: »Das geheime Wissen der Hexen – 13 Monde, um Meisterschaft in natürlicher Magie zu erlangen«, Droemer-Knaur, 2001, 7,90 Euro

Zwei Klassiker aus den Gründungszeiten des dianischen Wicca, die außer den Texten zu den Jahreskreisfesten noch viel magisches Grundwissen enthalten:

Zsuzsanna E. Budapest: »Herrin der Dunkelheit, Königin des Lichts«, Bauer Classics, (7. Auflage 2000), ca. 10 Euro (zur Zeit nur in Antiquariaten zu finden)

Starhawk: »Der Hexenkult als Urreligion der Göttin«, Goldmann, 1998

LEIDER ZUR ZEIT VERGRIFFEN, ABER EIN SEHR LIEBEVOLL GEMACHTES BUCH, AUCH WENN ES MEHR DIE ERFAHRUNGEN DER AUTORIN BESCHREIBT, ALS DEN RAHMEN DAZU ZU ERKLÄREN:

Ute Schiran, »Menschenfrauen fliegen wieder«, Droemer-Knaur, 1994

EIN EHER THEORETISCHER KLASSIKER AUS DER FEMINISTISCHEN MATRIARCHATSTHEORIE UND MYTHOLOGIEFORSCHUNG IST DAS FOLGENDE BUCH. ES LOHNT SICH ABER WENIGER ZUM KAUFEN - EHER DIE BETREFFENDEN SEITEN IN EINER BIBLIOTHEK KOPIEREN:

Heide Göttner Abendroth: »Die tanzende Göttin – Prinzipien einer matriarchalen Ästhetik«, Frauenoffensive, 2001. 16,40 Euro

Für Jahreskreisfeste sind daraus vor allem die Seiten 209 –268 interessant. Sie sind allerdings sehr theoretisch im Sinne des Ideals der Autorin beschrieben, praktisch so kaum umsetzbar.

EBENFALLS EHER VON DER MYTHOLOGISCHEN SEITE AUSGEHEND, ABER AUCH STARK AN DEUTSCHEM BRAUCHTUM UND PSYCHOLOGISCHEN PROZESSEN ORIENTIERT IST DAS BUCH VON

Susanne Rüttner-Cova: »Frau Holle – Die gestürzte Göttin«, Sphinx Verlag, 1993 (erschien später auch bei Hugendubel und Heyne, ist aber zur Zeit nur in Antiquariaten zu finden)

SEHR SCHÖN UND SPEZIELL FÜR JUNGE LESERINNEN GEMACHTE BÜCHER:

Silver Raven Wolf: »Freche Hexen«, Hans-Nietsch-Verlag, 2000, 14,95 Euro (englischer Originaltitel ist eigentlich noch schöner: teenwitch - wicca for a new generation)

Vicky Gabriel und Jessica Hoffmann: »Teenwitch – Die wilde Magie der jungen Hexen«, Arun Verlag 2002, 14,95 Euro

EINFÜHRENDE LITERATUR ZUR SPIRITUALITÄT DER 12 SCHRITTE SELBSTHILFEGRUPPEN WIE Z. B. ANONYME ALKOHOLIKER ODER ANONYME COABHÄNGIGE:

Ernest Kurtz und Katherine Ketcham: »Die Spiritualität der Unvollkommenheit – in unseren Wunden wartet die Heilung«, Lüchow Verlag, 1998 (Zur Zeit vergriffen).

Melody Beattie: »Kraft zum Loslassen - tägliche Meditationen für die innere Heilung«, Heyne Verlag, 1994, 12,95 Euro

Anne Wilson Schaef: »Nimm dir Zeit für dich selbst – tägliche Meditationen für Frauen, die zuviel arbeiten«, Heyne Verlag, 1992, 8,95 Euro

Anne Wilson Schaef: »Co-Abhängigkeit – Die Sucht hinter der Sucht«, Heyne Verlag, 1992, 6,95 Euro

EINFÜHRENDE LITERATUR ZUR HEXENVERFOLGUNG:

Barbara Ehrenreich und Deidre English: »Hexen, Hebammen und Krankenschwestern«, Frauenoffensive Verlag, 1975, 7,90 Euro

Erika Wisselinck: »Hexen - warum wir so wenig von ihrer Geschichte erfahren und was daran auch noch falsch ist«, Frauenoffensive Verlag, 1986, 8,90 Euro

EINFÜHRENDE LITERATUR ZUR ASTROLOGIE:

ALS GRUNDEINFÜHRUNG ZU PLANETEN, STERNZEICHEN, SONNE, MOND UND ASZENDENT IM HOROSKOP:

Fritz Riemann: »Lebenshilfe Astrologie«, schon 1976 im Pfeiffer Verlag erschienen, oft preiswert auf Flohmärkten oder in Antiquariaten erhältlich, dann unbedingt zugreifen! Aktuelle Ausgabe: Klett-Cotta, 2003, 15,00 Euro

ALS EINFÜHRUNG IN ASZENDENT UND HÄUSERSYSTEM:

Howard Sasportas: »Astrologische Häuser und Aszendenten«, Droemer-Knaur, 2001, 9,90 Euro

ALS EINFÜHRUNG IN DAS THEMA »DER WEG VOM ASZENDENTEN ZUR SONNE«:

Randolf M. Schäfer: »Der verborgene Sinn des Schicksals - mit Astrologie die Symbolik des Lebens entschlüsseln.« 1997, rororo Taschenbuchverlag, war eine Zeitlang vergriffen, jetzt als Neudruck im Urania Verlag unter dem Titel »Astrologie - Die Symbolik des Lebens entschlüsseln« (16,50 Euro) erschienen.

GUTES NACHSCHLAGEWERK, ABER AUCH ETWAS TEUER:

Hajo Banzhaf und Anna Haebler: »Schlüsselworte zur Astrologie«, Hugendubel Verlag, 1996, 18,90 Euro

ALS EINFÜHRUNG IN FEMINISTISCHE ASTROLOGIE UND IN RITUALE UND MEDITATIONEN ZU ASTROLOGISCHEN THEMEN UND KRÄFTEN:

Lusisa Francia: »Berühre Wega, kehr zur Erde zurück«, Verlag Frauenoffensive, 1982, 9,90 Euro

Einführende Literatur zum Tarot, vor allem dem Rider-Tarot:

Rachel Pollack: »Tarot – 78 Stufen der Weisheit«, Droemer-Knaur, 1985

Hajo Banzhaf: »Schlüsselworte zum Tarot«, Goldmann, 1999, 8 Euro

Evelin Bürger und Johannes Fiebig: »Tarot, Spiegel deiner Möglichkeiten«, Verlag kleine Schritte, 2000, 8,80 Euro

Johannes Fiebig: »Tarot, andere Wege im Alltag«, Verlag kleine Schritte, 1998, 8,80 Euro

Evelin Bürger und Johannes Fiebig: »Tarot für Einsteigerinnen«, Königsfurt Verlag, 1994, 24,90 Euro, guter Überblick über Rider-Wait, Crowley und Marseiller Tarot

Rena Terhef: »Tarot für Zauberhexen«, Königsfurt Verlag, 2001, 5 Euro, sehr nett gemachtes Buch gerade für junge Leute

Als Einführung in feministisches Tarot ganz gut geeignet:

Luisa Francia: »Hexentarot«, Stechapfel Verlag Zürich, 1998, 10 Euro

Gute Einführung in grundlegende Wahrsagetechniken allgemein:

Alfred Görgens: »1x1 der Wahrsagekunst«, Humboldt Taschenbuchverlag, 1990

Räucherwerk und Duftöle:

Anita Martiny: »Räuchern – Kraft durch innere Reinigung«, Heyne Verlag, 1998 (zur Zeit vergriffen)

Susanne Fischer-Rizzi: »Himmlische Düfte«, AT-Verlag, 2002, 26,90 Euro

Heilkräuter und Pflanzenmagie:

Zu Heilkräutern:

Susanne Fischer-Rizzi: »Medizin der Erde«, Heyne Verlag, 1999, 10,95 Euro

Zu Bäumen und Büschen:

Susanne Fischer-Rizzi: »Blätter von Bäumen«, Heyne Verlag, 2001, 12,95 Euro

Über die Autorin

Monika Molitor wurde 1966 unter dem Sternzeichen Wassermann mit Aszendent Wassermann geboren. 1987 wurde sie in einer persönlichen Lebenskrise auf andere spirituelle Wege aufmerksam und entdeckte Wicca. 1990 begann sie eine rituelle Grundausbildung und eine Ausbildung in Tarot bei Ziriah Voigt. Seit 1992 feiert sie regelmäßig die Jahreskreisfeste, davon acht Jahre in einem festen Frauenritualkreis in Frankfurt am Main. Tarotkarten waren für sie der Einstieg in die Welt der Orakel und der Magie. 1996 kamen Astrologie und ein Studium der Psychologie hinzu. Die Astrologie war eine gute Ergänzung zum Wahrsagen mit Tarot und eine Vertiefung des Wissens über die antike Mythologie.
Im Jahr 2000 begann sie, in verschiedenen Internetforen Fragen junger Menschen zum Thema Wicca, Orakel und Magie zu beantworten. Ebenso wirkte sie für Junghexen als Mentorin in Brieffreundschaften, da junge Menschen oft erst mit 18 Jahren in einen Ritualkreis aufgenommen werden können, aber schon vorher mit Wissensdurst und großer Neugierde die Welt der Magie entdecken. So entstand im Laufe der Jahre eine Sammlung von Texten, die speziell für junge Menschen geschrieben worden waren.
Monika Molitor bildet in kleinem Umfang Menschen im persönlichen Kontakt oder im Briefkontakt in Grundkenntnissen von Wicca, Astrologie und Tarot aus. Ebenso berät sie Frauen und Mädchen mit Tarot und Astrologie und bietet spirituelle Einzelbegleitungen an. Sie lebt ohne Kinder mit ihrem Mann am Stadtrand von Frankfurt am Main.
Über ihre Homepage www.junghexentreff.de ist sie für Fragen und Anregungen zu erreichen.

ISBN 3-89845-039-2
Brettspiel mit Spielfiguren
und Würfeln
€ [D] 29,90 / sFr 54,90

Jan Ton

Tarot Labyrinth

Dieses Spiel erweckt die Symbolik des Tarot auch für diejenigen zum Leben, die sich bislang nicht mit Tarot beschäftigt haben.
Auf dem Spielbrett sind alle 78 Karten des »Universal Waite Tarot« so geordnet, dass das Spiel den Lebensweg der Spieler ausdrücken kann. Die Texte zu den Karten laden die Spieler zu - idealerweise gemeinschaftlicher - Kreativität ein.
»Das Tarot-Labyrinth« ist sowohl zu zweit, wie auch in Gruppen, spielbar, wobei die Spielerzahl fünf nicht überschreiten sollte. Es eignet sich damit auch sehr gut für kleine Gruppen, die ihre gegenseitige Kommunikation und Zusammenarbeit verbessern wollen. Tarot-Kenntnisse sind nicht erforderlich.

ISBN 3-931652-57-2
128 Seiten, gebunden
mit vielen Abbildungen
14 vierfarbige Karten
Kartenformat: 12 x 7 cm
€ [D] 14,90 / sFr 26,80

Marlies Burghardt

Lebensbaum-Tarot

Mit Grafiken von Klaus Holitzka

Die farbintensiven Karten des LEBENSBAUM-TAROT verbinden sich mit der Weisheit und Kraft des kabbalistischen Lebensbaums, einem der Urgründe unserer westlichen Kultur und Abbild im Kosmos und im Menschen wirkender Kräfte. Faszinierend: Die nur 10 Lebensbaum- und 4 Elemente-Karten eröffnen 40 verschiedene Konstellationen! Sie sind ein ausgezeichnetes Mittel zur Selbsterfahrung, Entscheidungsfindung, aber auch zur Meditation und Kontaktaufnahme mit der Engelwelt.

ISBN 3-89845-030-9
Handbuch 184 Seiten
mit 38 farb. Karten
€ [D] 22,90 / sFr 40,10

Magda Wimmer | Karten-Set mit Buch |

Das Herzenswissen der Maya Tagehüter

Die universelle Weltordnung und das Webmuster der Zeit

Träumen Sie nicht auch davon, das Mysterium längst vergangener Kulturen zu lüften?
Dieses Set hilft Ihnen spielerisch, den kosmischen Weisheiten und Prophezeiungen der Maya auf die Spur und ihnen somit etwas näher zu kommen. Maya bedeutet dabei „Wissen um den Ursprung der Welt zu haben“, und das Tagehüten ist das Hüten der Sonne und des Wissens um die Quelle, aus der wir alle kommen. Wagen Sie den Sprung auf ein neues Terrain des spirituellen Lernens! Lernen Sie, wieder auf Ihre innere Stimme zu vertrauen, und bekommen Sie dadurch die Sicherheit, die nächsten Schritte zu gehen.
Denn wir alle sind Mitspieler und beeinflussen das große Spiel des Lebens. Jeder Gedanke verändert die Welt!

ISBN 3-89845-005-8
Box, Begleitb. 112 S.
45 farb. Karten 12 x 9 cm
€ [D] 24,90 / sFr 43,70

Lynn Andrews | Karten-Set mit Buch |

Das Power Set

Die Weisheit der Frauen

Dieses Power-Set besteht aus 45 wunderschön illustrierten Karten und einem Buch mit Affirmationen und Meditationen. Die Autorin der ›Medicine Woman‹ und der ›Woman of Wyrrd‹ zeigt Ihnen, wie Sie die Weisheit des Universums nutzen können, die von den Schwestern der Schilde offenbart wurde. Auf jeder Karte finden Sie ein Bild, das Mutter Erde und Vater Himmel symbolisiert, und eine Affirmation, die Ihre Macht vergrößert. Um die Erde zu heilen, müssen wir uns zuerst selbst heilen. »Das Power-Set«, schreibt Lynn Andrews, »hilft uns, die Urquelle unserer Schmerzen und Schwächen zu finden, sodass wir sie überwinden können. Jede Karte fördert Schönheit, Gesundheit, Kraft und Weisheit.«

ISBN 3-931652-46-7
200 Seiten, gebunden
vierfarbig
€ [D] 16,90 / sFr 30,10

Carmen Schüle

Handlesen leicht gemacht

Der schnelle Charakterspiegel

Ein einfacher Weg, in die Hohe Kunst des Handlesens einzusteigen. Die Hand kann Veranlagungen und Begabungen preisgeben und das Lesen in ihr führt zu vertiefter Selbsterkenntnis. Sie hilft auch, das Wesen anderer Menschen besser zu ergründen. Jede Buchseite ist bebildert, sodass man mit einem Blick findet, ob das Handmerkmal auf der jeweiligen Seite mit der eigenen Hand übereinstimmt. So lässt sich schnell ein Persönlichkeitsprofil zusammenstellen, ohne lästiges Suchen in schwer verständlichen Texten. Und vor allem bei Linien, die ein schwierigeres Charakterbild zeigen, gibt das Buch zudem Tipps und Hinweise für neue Sichtweisen. Das ideale Einsteigerbuch.

ISBN 3-931652-48-3
176 Seiten, broschiert
€ [D] 12,90 / sFr 23,50

Mark Smith

Aura-Sehen

Schnell und einfach

In welcher Beziehung steht die Aurafarbe zu Organen, Chakren oder Charakterzügen?
In Ihrer Aura findet Ihre Seele körperlichen Ausdruck. Und Sie können jetzt lernen, sie zu sehen. Es ist simpel und hat nichts Übersinnliches, sondern beruht einfach auf physikalischen Gesetzen und einem normalen Sehvermögen. Lassen Sie sich von Mark Smith vorführen, wie man in nur kürzester Zeit in zehn einfachen Schritten aurasichtig wird!

ISBN 3-931652-30-0
256 Seiten, broschiert
€ [D] 15,90 / sFr 28,50

Ted Andrews

Zauber des Feenreichs

Begegnung mit Naturgeistern

Mit ein wenig Geduld und Ausdauer lernen Sie die Gegenwart von Feen, Elfen, Devas und anderen Naturgeistern zu spüren und wahrzunehmen. Öffnen Sie Ihr Herz und Ihre Sinne diesen nicht auf den ersten Blick sichtbaren Bereichen des Lebens und seinen Quellen und Sie wecken die Ihnen angeborenen Fähigkeiten, das Leben in seiner ganzen Fülle zu leben. Ein Werk voller Zauber über eine faszinierende Welt, die greifbar vor uns liegt, und die es nur zu entdecken gilt!
Ein Handbuch mit praktischen Anleitungen, Meditationen und Übungen in der Natur für die Arbeit mit dem Unsichtbaren.

ISBN 3-931652-32-7
400 Seiten, gebunden
€ [D] 20,90 / sFr 36,70

Helena Paterson

Keltische Astrologie

Die 13 Monde der Druiden

Die überlieferte keltische Sternenkunst richtet sich im Gegensatz zur traditionellen Astrologie nicht nach der Sonne, sondern nach dem Mond. Dadurch erhält das Jahr 13 Mondmonate, denen jeweils ein Baum bzw. eine Pflanze der keltischen Mythologie zugeordnet ist. Diese Baumzeichen dienten den Kelten als Grundlage der Charakterisierung. Die schreibende Astrologin verwendet ein Dekanatensystem aus dem 4. Jahrhundert, welches sie gekonnt mit den keltischen Mythen und der modernen esoterischen Astrologie verknüpft. Dabei zieht sie interessante Querverbindungen zu anderen Kulturen und Religionen und bietet dem Leser so viele neue Einsichten.
Die übersichtliche Gliederung und klare Sprache laden zum Weiterlesen ein und stellen sowohl für den Laien als auch für den Fachmann ein unentbehrliches Nachschlagewerk dar.